以人為本！
長照各國服務

—— 價值、育才、營運

周傳久 著

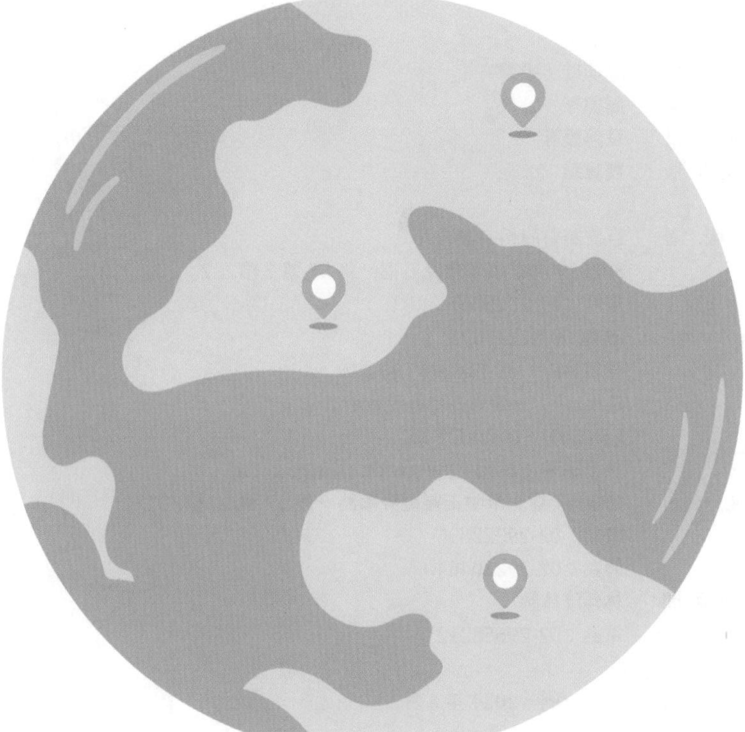

巨流圖書公司印行

國家圖書館出版品預行編目（CIP）資料

以人為本！長照各國服務 ——— 價值、育才、營運 / 周傳久著 . -- 初版 . -- 高雄市：巨流圖書股份有限公司 , 2024.06

面；　公分 -- (高齡化社會 AS；4)

ISBN 978-957-732-714-7 (平裝)

1.CST: 長期照護　2.CST: 健康照護　3.CST: 老人養護

544.85　　113002769

以人為本！長照各國服務 ——— 價值、育才、營運

高齡化社會 AS 04

作　　者　周傳久
發 行 人　楊曉華
編　　輯　林瑜璇
校　　對　林瑜璇、張馨方
封面繪圖　周德苓
封面設計　莫浮設計
內文排版　魏暐臻

出 版 者　巨流圖書股份有限公司
802019 高雄市苓雅區五福一路 57 號 2 樓之 2
電話：07-2265267
傳真：07-2233073
購書專線：07-2265267 轉 236
E-mail：order1@liwen.com.tw
LINE ID：@sxs1780d
線上購書：https://www.chuliu.com.tw/
臺北分公司　100003 臺北市中正區重慶南路一段 57 號 10 樓之 12
電話：02-29222396
傳真：02-29220464
法律顧問　林廷隆律師
電話：02-29658212

刷　　次　初版一刷．2024 年 6 月
定　　價　580 元
I S B N　978-957-732-714-7（平裝）

CHULIU PUBLISHER

王文賢

‧雙連視障關懷基金會董事長

這些年來周傳久先生擔任雙連視障關懷基金會的董事及顧問，長期關心視障者及視障獨居老人的服務工作。很榮幸能為周傳久先生的第六本書《以人為本！長照各國服務——價值、育才、營運》寫書序，他以全球視野來探討北歐國家的長照現況和未來，深入北歐幾個國家的長照實務現場，透過照片及實際案例，並介紹了北歐各國的長照制度、服務、模式、技術和趨勢，提出了一些具有前瞻性和創造性的建議和展望，希望能引起社會的關注和行動，讓臺灣的長照能更符合時代的需求和價值。

我非常敬佩周傳久先生的專業和貢獻，他不僅是一位優秀的記者，也是一位有社會責任感和使命感的公民，更重要的他是一位領受上帝呼召的基督徒，他用他的筆和鏡頭，為我們呈現了一個真實而多元的長照世界，讓我們看到長照不只是一個政策或服務，而是一個關乎人的尊嚴、幸福和權利的議題。他的書不僅是一本知識的寶庫，也是一本智慧的指南，讓我們能從中學習和啟發，找到適合自己和社會的長照之道，我衷心推薦這本書給所有關心長照的讀者，希望這本書能成為您的好朋友，陪伴您一起走過長照的旅程。

林依瑩

・伯拉罕共生照顧勞動合作社理事主席
・前臺中市副市長

前些日子到立法院參與身心障礙的權益協調會，充分感受到許多如罕病俊翰律師的身障者主張將長照補助額度併同到社福個人助理的額度裡，因為長照 2.0 的碼別制讓他們實在失望透頂，靠衛生局照專 A 個管的核定，實在難以讓人好好生活！為什麼我們不能當下決定我需要什麼協助？當下，有極大的感觸，這就是此書論及北歐「積極性社會支持」最好的展現！我的生活，不是核定的碼別來決定，我每天都有不同的生活，長照要來支持我每天當下生活的決定，不是要我照碼別生活。這些重度身障者的爭取，其實不只他們會用到，現在的我們失能後都會極度渴望的自立權。

細細咀嚼傳久的大作，如此以人為本的價值引導、育才及營運真是臺灣美好的高齡未來！但臺灣當務之急應將碼別支付制度改為包裹式支付制，方有可能建構以人為本的政策環境，碼別的制約與記點政策讓長照實務工作者完全背離「認識社會心理環境」的學習，照服員若願意關照服務對象的需求提供「積極性社會支持」，有可能違規記點。制度的框架是問題，照服員培訓不足更是在服務現場處處窘境！臺灣政府何時才願意提供系統性建構式教學法（至少一年以上，不是只有一百小時）？這是大哉問！但感謝傳久長年鍥而不捨的努力，此次更將北歐以人為本的經驗實作融入臺灣的脈絡裡，傳久的努力也代表著對臺灣的不放棄！期盼「照起工來」的照服員培訓終究有實現的那一天！

周恬弘
・嘉義基督教醫院副院長

以人為本、將心比心的健康照顧願景

每次看完傳久兄有關北歐和西歐國家健康照護的報導專題或文章，都帶給我許多啟發，這本書也不例外，而且更進一步回答我以前的疑惑——為何這些國家的健康照護能夠做得如此到位、人性化且不僵化？

本書介紹許多北歐和西歐優質的長照教育和營運模式及機構，非常值得健康照顧界瞭解參考，但更可貴與獨特之處是傳久兄深入地將其背後的服務價值理念生動地闡述出來，沒有這些價值理念，好的服務是不可能存在的，也做不出來。

其實，書中提到的眾多案例，都有一個共同的價值理念，就是「以人為本，將心比心」。因此，照顧機構與專業人員會以服務使用者的福祉與需求去設計服務，尊重及激發其能力，並願意為提升服務使用者的生命品質不斷去探索、突破與成長。在此過程中，服務提供者與服務使用者都同時獲得價值的實現，生命因此更圓滿與豐富。

祈盼本書引領國內有志於此的照顧機構和專業人員共同邁向更美好的健康照顧願景。

洪淑惠

‧《聯合報》健康事業部策略長
‧《聯合報》前副總編輯

銀髮浪潮下的先行者

傳久兄是位非典型的新聞從業者，當「高齡」、「長照」等還只像些時髦名詞時，他早已把鏡頭對準地球彼端的歐美國家，成為最早把荷蘭失智村、芬蘭預防延緩失能等以人為本創新照顧觀念引介到臺灣的人。

在「高齡」和「長照」飛速成為顯學，甚至成為國家棘手問題的過程中，傳久兄彷彿變成另類的傳道人，圖文影像並茂且不厭其煩地傳講分享，他從歐美或日本等有經驗因應高齡變化的國家，帶回許多創新且人性的現場故事及人物採訪。每每聽他演講，總讓我讚佩，還有深深的自愧不如。他一步一腳印走來，不僅備受高齡服務專業及新聞本業的肯定，還一點滴地影響著許多人。

我非常幸運能搶先展讀這本《以人為本！長照各國服務——價值、育才、營運》。書中滿滿是人與他們的故事，讓我為之著迷。雖然傳久引介的許多觀念如「服侍善工」、「價值傳承」等觀念，因文化和制度不同，閱讀時或需要咀嚼停頓思考消化。但大量的人物訪談和現場照片佐讀，讓遠在他方的生活或照顧現場躍然紙上。我想，這與傳久長年在公視的影像敘事訓練有關，使本書成為少見很有畫面感的高專業含量書籍。

除了關心高齡議題的專業界人士，我也很想推薦對高齡社會、長照議題和銀光創新產業有興趣的媒體人來讀這本書。過熱超載的即時新聞工作模式，已讓第一線的新聞記者不得喘息，卻又非常需要吸收新知；本書正是極完整的濃縮教材。

高齡照顧現場的從業者及政策制定者，也應抽空看看這本書，或有助於找出或塑造在地的照顧價值及模式。並思考除了預算之外，更重要的以人為本的理念及長期的人才培育。例如臺灣社會對失智者的理解和接納，已比以往進步，但仍較少看重失智長者本人的潛能及選擇。

至於像我這樣人在中年的讀者，也可在書中一窺挪威的退休準備學校等，讓人心嚮往之；但也思索對生命中後期的規劃，是個人到政府，都必須慎重面對的習題。朋友是一本又一本的好書，而傳久正是會寫書的朋友，我很幸運可以跟著他，去看沒看過的世界及沒想過的境界。

郭慈安

．中山醫學大學醫學系副教授
．中山附醫失智症共同照護中心副院長

這本書要定稿前不久，我約了傳久在臺中高鐵想要請教他一些失智症人才培育的問題。討論之後接到傳久邀請我為這本書寫序，老實說我實在倍感榮幸，一口氣馬上答應他。但後來認真定神後，我的壓力馬上飆高而且質問我自己何德何能，能夠在這位長照暢銷書的作者作品中出現？

在長照 2.0 開始不久（二〇一七年），中山醫學大學附設醫院獲選臺中市第一家的失智症共同照護中心，當時我被學校長官推薦接任這個中心的執行長，負責營運一項全國大家都不知如何做的失智症照護服務（也是長照 2.0 新增的一項服務）。身為「老年學」出身、「社會工作」訓練背景的我，以兩個學門的整合：生命歷程、人與環境以及跨領域與跨場域的理念，發展出了一個以專業「十科共照」、醫療與社區「雙倍守護」的服務模式。同年，我也在學校提議成立「建置中部失智研究與共照中心」的想法，開啟了失智症人才培育的大工程。六年下來已經培育超過五百位學生走入失智症照護，他們在學時所倡議、提升識能或服務觸及的人數也達二十萬人以上。

對於一個醫學大學來說，發願想要讓每一位就讀不同系所的學生，在畢業時皆具備失智症照護的概念或次專長，必須整合學校各系教師的失智症專才，籌辦許多不同性質的失智症活動給學生參加，以及創造能讓學生實踐或體驗失智症臨床照護的機會。在中山醫大，每個學期超過十五項不同的失智症活動與訓練（幾乎是每週都有），其中包含演講、體驗、參訪、陪伴失智者去不同場域（美術館、就醫、公園、據點等）、學習不同的輔療課程、設計為失智症倡議的社會行動、在據點蹲點以及成立家屬支持團體等。但是在這些活動辦理的背後，更重要的要從教育的角度來看，如何讓學生對失智症議題感到興趣，提供足夠機會與方法讓他們學習失智症的知識，引發學生以什麼樣的態度或思維對待失智症者，最後會以什麼樣的行動精神服務失智症家庭，這些挑戰透過我與傳久的對話，以及讀這本書，得到許多啟發和力量。

在我心目中的傳久是一位百科全書，過去的他如同一個 Google Search，哪一國的哪個長照政策與服務模式，他都隨時可以有問必答。而現在的他如同一個 ChatGPT，隨時可把長照議題以條列式的方式挑戰你的舒適圈。但是不管是 Google Search 或是 ChatGPT，我認為他傳達給讀者的訊息，如果認真思考寫在白板上一起討論，我相信每個白板都可佈滿密密麻麻的創新、啟發以及對長照的感動。

如同這本書裡針對長照的主題，無論是價值引導、育才啟發、導入營運，傳久以一個類「傳教」、類「備戰」、類「藝術欣賞」的角度，來導入引發讀者的左右腦，讓創意的右腦與理性的左腦結合，發揮設計思考的路徑，從同理、發想、收斂、雛形、測試、修飾，最後再調和與在地化，長出屬於自己所認同的長照「倫理」，散發特別的長照「精神」，以行動展現長照的「人道」，有自信地為長照對象「服務」。

這本書當中我最喜歡傳久分享的長照價值引導篇，因為裡面充滿了每個人踏入長照必須嚴肅思考的倫理、價值與精神。在目前臺灣長照領域充斥著督考第一線照顧人員照顧技巧是否到位、管理階層是否有建置品質規範的框架裡，人們似乎忘記了我們服務的也是與我們同種同在過生活的對象。例如，如何在初次見面的幾分鐘內讓服務對象感受到他是最重要的？讓服務對象可以跟你建立信任關係？就像在學習認識「同理心」、「溝通」、「倫理」之餘，學生是否能夠在服務場域或在服務對象之前真正做出「同理心」的展現、多角度的「溝通」，並互相得到理解、判斷「倫理」對於人的影響與利害關係等。面對未來橫跨超過四十年（六十五歲到百歲以上）以及縱貫不同能力的老年人口來說，我很期待這本書能夠帶給讀者更多跳出框架、可以自己設計與思考問題解決能力的培養。尤其是面對失智症快速增加的未來，它的多元與複雜程度，需要更多的觀察、討論、演練、修飾、測試，而不是很急救章地套用哪個 SOP 就好。

期待這本書所提出的觀點，可以讓未來走入或走在長照領域的大家，藉由內容好好一起討論，也相伴一起練習，期待未來可以——內化到變成一種長照的氣質與文化。

謝謝傳久又帶給長照人，繼續的思辨、思考；也期待這本書所帶動的精神、影響。

翁慧卿

・國立成功大學醫學院健康照護科學研究所教授兼所長
・老年所／醫學系合聘教授

當傳久告訴我他即將出版第六本書時，並請我為其撰寫序言，我毫不猶豫地答應。出版第六本書實屬不易，這本書的出版對於臺灣進入超高齡社會的此刻，尤為重要。儘管高齡議題受到廣泛關注，多數討論仍集中在照護和政策層面，而真正深入長輩心靈層面的核心照顧仍屬罕見。這本書恰如其分地為我們提供了國際化的思路和具體的方法，讓我們看到臺灣高齡照顧前進的可能。

全書共分為三章：價值引導、育才啟發、以及導入營運。是在第一章中的第十七頁，一個以價值為核心的三角架構圖展示全書的主軸，它由信仰、專業和經濟三大支柱支撐著以人為本的價值理念。

傳久在北歐多國的考察，帶回了許多寶貴經驗和洞見。例如，挪威奧斯陸的「執事之家」基督教醫院如何透過不定期的價值創新計畫，以及芬蘭圖書館如何舉辦動腦共學活動，這些都是書中的亮點。此外，挪威針對長輩設計的課程，根據不同年齡和退休需求來調整教學內容和方式，這反映長者豐富的生命經驗不應該用一般的教學方法來對待。此外，書中也說明，為何長者不見得要到大學的青銀共學的學堂去學習。

書中的照片生動地展示老人們的快樂時光與笑容，這使我對臺灣未來的安老照顧抱有更多期待。我希望我們能逐步實現更多以人本為核心的照顧，期待我們能因信仰而堅持，也因專業而安全，更因經濟健全而能永續發展。

這本書不僅是一本指南，更是一盞明燈，照亮我們尊重和照顧長者的道路。我衷心推薦每位關心高齡化社會的讀者，尤其是在這條道路上尋找方向的夥伴，細讀這本書。

張賢政
・基隆市衛生局局長
・家庭醫學、老年醫學、安寧緩和醫學專科醫師

在長照工作中享受以人為本的價值與實踐

在會議或公務行程間路程交通上、桌前手機前斷續而繁雜的回應各種突發訊息空檔，在各種這樣的狹縫中閱讀周傳久老師的文字，是一種寄托，感覺工作及生命的意義可以有所期待。

以人為本？是理想？是夢想？是真切的價值！是務實！

從臨床工作角色、過渡到部分行政及政策參與、到現在更聚焦在公共行政工作上；跟每一個助人工作者一樣，我們帶著理想，我們也被現況困著，我們仍前進著。

社會政治紛擾，又有全國一致長照服務政策的限制，在框架裡實踐長照服務，就已經有夠多挑戰，努力的過程中，理想價值是遙不可及？又或理想價值其實是在工作中陪伴著，感受著，實踐著，享受著。

周老師再一本長照大作，直接以「以人為本」命題，內容包括價值引導、育才啟發、導入營運三大部分，從北歐各國長照內涵寫起，也對照臺灣長照現場是否可能。

第一部分論述價值是根基，但也透過實務實踐，看挪威教會醫院如何讓服侍善工護理師工作中實踐價值、醫院營運計畫如何傳承傳統價值並創新落實、如何引導員工為病人及家屬提出問題而能倫理思辨、大學協助醫院時如何兼顧學術與實務而落實價值、單位如何從訪談員工所得的彰顯價值的工作方法中學習、老化照顧預備的態度教育及積極支持照顧工作如何需要服務提供者自身角色參與，以及頗有意思的，臺灣的衛生局官員為什麼被服務業者認為最需要學習這樣的以人為本對待。

其中一段芬蘭佩卡醫師的公共衛生推動史，是我們每一位在公衛學習過程必學的經典案例，除了系統性、支持性環境等核心要素，本書更強化了其中設計思考、創新傳播、促成社區民眾參與等重點，而佩卡醫師幼時與父親互動的故事更是價值的根基。

第一部分有好幾段反思故事的小結，都是印象深刻值得反芻的金句，例如將以人為本融入居家護理教育再思考中「服務是雙向互相給予的過程，而不只是服務提供者一直給。而且服務提供者的職責包含啟動，啟動而不是鼓勵，啟動是相信對方有能力」；丹麥社區中「具有價值意識的人性創新服務，透過參與經驗真實的服務而有價值」；還有省思時間銀行背後的價值觀中「……不容易生根，因為我們社會互信越來越低，輕看衰弱者潛力，而且很多人計較項目卻又想從中得到對未來的安全感，忽略互動本意與花掉時間的價值……如果社會群體價值觀差異非常大卻不面對，或者跳過而直接動用資源構築新計畫，往往無根而難持續，更不用說永續」。

第二部分育才啟發中，涵蓋多種學習與教育訓練重點理念及實務作法，包括民眾還在職場就在退休準備學校（或課程）共學思考、長照工作者透過設計學習如何學習、以個案討論為基礎的學習仍需有討論架構及需要有自學（及教材）為基礎等，這些我們都可以應用；而荷蘭教育訓練特色兩個舉例，一是大學走向設計思考帶動關懷服務領域學習，另一是鼓勵新世代體會老年的學習方式，也值得參考。介紹並比較丹麥的作法時，也有讓人深刻思考的一段話「（我國）長照制度與丹麥不同，但人命一樣值錢，客戶期待有許多相似，不能全以文化差異來搪塞」。

前兩部分論述就有實例，第三部分導入營運介紹了更多豐富多元的實務：芬蘭圖書館的健腦活動、挪威失智合唱團，都有民間團體投入，具有專業內涵，也實踐個案參與，是治療更是活動；而挪威失智村的共同創新設計、荷蘭失智農場的保持學習、丹麥茂盛花園的顏色工具應用在照顧住民也應用在關照員工、丹麥失智照顧中多元職類治療師與鄰居角色都可以音樂陪伴悲傷等，都深刻實踐。

以人為本，不是口號，烏托邦可以期待，可以是真實，是務實！

全球在地化，挑戰大同小異，政策制度不同，人本深刻的價值相同。高齡人口增加、正式工作人力減少、卻更期待自主尊嚴的高齡生活，需要您我每個角色的參與。

以人為本無法只依靠技術規則的制定及遵守。而且，以人為本，長輩個案、長照工作者，都是「人」，都參與也都貢獻，而不只是依循制度規則而運作。照顧好長輩，自己可以更投入卻不要burnout，感受長輩、感受自己，助人工作一樣可以照顧好自己，包括實踐深刻相信的生命價值。

長照工作者，在公部門、在教學、在第一線服務，我們在每個不同崗位，為長輩、為自己的工作及生命價值而努力；本書從價值、育才、到營運，細緻的從理想價值討論、到場域具體實踐，豐富、充實、精彩、充滿愛；推薦給您，寄託，實踐，救贖，您都可以受用。

我也反思，我有沒有爭取資源與發揮空間，讓衛生局同仁、讓夥伴服務單位，也可以在工作中創造並享受這樣以人為本的價值實踐。

許慧麗
・衛福部南區老人之家主任

人本照顧實踐者

周老師的新書從照顧價值到人才培育到營運導入，脈絡性完整的介紹照顧機構如何發自內心把人照顧好的實踐，非常值得現行臺灣長照機構參考運用。照顧專業強調人本價值，我在機構這七年多的日子始終以營造「有愛的地方就是家」的人性照顧氛圍與同仁共勉，但是一項挑戰。這本新作讓我體悟以人為本需要裝備涵養，需要透過行動看見人的需要展現價值，才有機會真正體現有愛的地方就是家。

透過奧地利照顧設計有效幫助更多人展現能力，在與古德魯老師面對面交流中想像臺灣機構未來在推動地域共生共融策略中可以再深入的人本觀點。為支持機構團隊有更好的學習效能，我們在南部用三個自我導向學習小組，為期八次的「ABC深化專業學習」做共學設計操作實踐，七月成果發表期待發揮蝴蝶效應帶動臺灣機構夥伴們採取高參與學習方式，留住人才。

在機構照顧端介紹以人為本的歐洲失智村及失智護理機構，在營運環境氛圍及照顧關係互動的支持性設計，有別於臺灣的機構管理性思維，期待九月邀請丹麥羅森隆德失智照顧機構護理長來臺實體交流分享以人為本失智照顧的實踐，開啟臺灣人本照顧新視界。

梁賡義

．中央研究院院士
．前陽明大學校長
．前國家衛生研究院院長

從統計數字可見，二〇二〇年後我國人口開始負成長，六十五歲以上者越來越多，到二〇二五年，會超過百分之二十，成為超高齡社會。期盼大眾能正面看待這些趨勢，照顧自己、幫助別人，迎接老化，營建有品質的生活，開創新的生活意義與價值。

本書三部分內容——價值、育才及營運——回應了上述理念，啟發我們的思維，並釐清生活價值觀；接著介紹他國新的終身學習方式，然後列舉實例指出利己利他、善用資源、充滿盼望的新銀髮時代景象。值得注意的是這些不只是理想而是現實。但好的結果不易達成，可能也不必複製，而是要重視其基礎價值和發展過程，自然長出合宜本地資源條件的未來。

本書從訪談世界衛生組織慢性病防治主管、前芬蘭國衛院院長 Pekka Puska 主張「老年沒有心理健康就沒有健康」，到老化政策先進國家產官學界努力的故事，一再彰顯的是，專業知識與先進科技是很重要，但在此同時，應該優先考慮「以人為本」的理念貫穿其中來反思與實驗，而非被科技牽著走，才能合宜及時回應趨勢變化和人的需要。

目前在國內，長照 3.0 正在研擬中，高齡就業的概念也在發展。「退而不休」，要注意別忽然太閒而調適不及，也不能未量力而為忙出病來。找到新模式繼續參與社會，學會平衡生活，才是福氣。祝讀者可根據生活處境，分別找到線索，讓老化名列世界前茅的我國，能落實老有所終，活的有尊嚴。統計數字，反映的現實面，但凡是事在人為，期盼大家能正面思考，不只是看到老化惡化的一面，而是群策群力，創造出新而且積極幸福生活的模式。

梁鎧麟

‧國立暨南國際大學高齡健康與長期照顧管理學士學位學程籌備處主任

「共生」是近年臺灣高齡照顧的顯學與主軸，大家都在問何謂共生？從周老師的文本中，可以讓我們看到挪威將共生的精神，落實在各類不同的高齡照顧模式與人才培育的機制中。「共生」所追求的就是回到「以人為本」的核心價值，專業工作者如何回到「使用者的需求」去定義需求，成為關鍵。當我們在傳統專業主義的教育體系下，似乎以追求「高技術含量量表」的需求評估方式，方能瞭解使用者的需求，但回過頭來看，在這樣專業主義引導下的需求定義方式，真的是「以人為本」嗎？

當高齡社會成為勢不可擋的社會趨勢後，越來越多具有高度公民意識的高齡者，將陸續進到高齡的服務體系中使用服務，這群高齡者將有能力意識自己所需要的需求與服務是什麼，如果我們再一味地從專業主義角度出發評估需求，似乎也漸漸無法滿足這群高度公民意識高齡者的需求。因此，當我們已經意識與認知到未來高齡者的基本特質在轉變，我們就必須要重新定位我們的服務模式，「以人為本」是一個基本的核心價值，如何從「以使用者為中心」、「使用者參與設計」的方法學習，才能夠落實「以人為本」的核心價值。周老師的這本書，正引領著我們，從挪威的經驗學習這件事情！

游麗裡

· 財團法人老五老基金會執行長

長照機構導入「以人為本」的寶典

這是我第二次為周老師寫推薦序，延續前一本書的風格，以一個接一個的案例分享，引人期待下一個案例的內容。總之，內容非常精彩，展現了周老師的用心和無私分享，相信能夠為讀者帶來豐富的知識。我所在的基金會擁有十九家長照機構和超過五百五十名員工，對於員工的教育訓練十分重視，但仍然面臨著一些困難，更不用說小型長照機構了。一般來說，長照機構在進行系統教育訓練時存在以下問題：缺乏系統化的課程內容、長照人員對訓練內容不夠重視，只是為了獲得積分而參加、過於偏重技術課程，認為只要會技術就能夠提供的服務一定就是優質的、業者對於花錢感到抵觸等等。因此，即使一些長照人員獲得了積分，也未必能夠反映在能力和服務品質的提升上，淪為為學習而學習，實屬可惜。

周老師的新書《以人為本！長照各國服務——價值、育才、營運》內容豐富，特別適合那些需要兼顧多職的業務負責人，它能夠擴大他們的視野，使機構管理者有機會突破過度偏重服務技術的現象，因為技術必須受價值引導，才能更好地滿足使用者的需求。除此之外，書中涉及到的許多「育才」案例，如長照跨域共學設計、長照自學教材的研發等等，相信能夠激發管理者的創新思維，為未來機構的人才培養提供更多想法、模式和內容。在本書的最後一章，關於長照服務營運的討論，無論是公部門還是私部門，其核心都是以人為本的助人價值，周老師透過文字不斷提醒所有讀者，所有服務都必須尊重不同的文化和價值觀，並滿足個人獨特的需求，重視服務使用者的尊嚴和自我能力的維護。總之，所有的組織變革都需要管理者的思想改變，這樣機構才有可能實現改變。

《以人為本！長照各國服務——價值、育才、營運》這本書不僅適合長照機構的管理者閱讀，而且由於其文字簡潔，配合圖片和說明，使其易讀易懂，特別適合中高齡工作者偏多的長照機構，及居家式機構照服員聚在一起時間偏少的工作模式。因此，機構管理者應該多加利用這本書，在團隊督導或會議上，通過文字的力量將「以人為本」的價值引入組織內部，畢竟貼近服務使用者需求的服務才是照顧服務的本質。雖然將「以人為本」變成組織DNA可能是一項艱鉅的挑戰，但相信這樣做將會使機構獲得更高的評價。

祝賀周傳久老師的新書《以人為本！長照各國服務——價值、育才、營運》出版！

楊儀華

‧天主教聖功醫院院長

感謝周老師在這本最新力作，介紹挪威、芬蘭等國發展出的「以人為本」長期照顧模式的實務成果，以圖文並茂地循序分成「價值引導」、「育才啟發」及「導入營運」三部曲。其中，還屢屢引用《聖經》道理，「身體不是只有一個肢體，而是有許多」。所以，我們該彼此互相幫助支持分享；也從「耶穌幫門徒洗腳」的故事，點出最大的服務，就只在服務的過程中，讓服務使用者「得到尊貴」。同時，在書中，也看見作者如何將個人長年在北歐汲取的長照學習經驗，透過開設工作坊，與臺灣在地跨領域、跨職類的服務人員共學，分享多元照顧專業與經驗。誠如作者所言，「心」才是帶動技術與資源，讓其發揮功能的火車頭。而如何能上心？無論古今中外，或哪種宗教信仰，在照顧人的這件事上，無疑是以「愛」為磐石，這也是我在閱讀這本書時，最大的領略。

「在服務過程中，營造最大機會，讓服務使用者能參與自己生活的決定，這就是人味」。

當我們在乎服務使用者的內在感受問題，相信再衰弱的人，都有實現自我的期待，照顧就是支持弱勢者的自我實現追求。

「以人為本」的價值觀是建立在「對人的痛苦、需要、尊嚴維護、公義平等伸張，視而有見，覺得自己有份責任」。能夠藉由自我反思，察覺對服務使用者是基於哪種動機而做出相對應的服務，關注自己的「起心動念」。對於管理者而言，就是努力培育具有同樣價值觀的服務提供者，最後，導入營運，期許這項人味照顧模式能永續發展，作者這份真誠邀請同好的心意，教人感動！

趙文崇
・埔里基督教醫院董事長

長照的核心精神──生命價值的維護

近年來臺灣底層高齡長輩貧窮現象逐漸浮出檯面。一般認為社會保障制度弱化是主要原因。但在國力雄厚時代開始規劃的日本長照系統，近年來也逐漸無法支撐長輩們各項老化需求滿足的困擾，也提出可能出現「一億人的老後崩壞」的警告。

東方社會把長照的焦點置放於「照護」兩個字；六十五歲退休與長照連動，使長輩立時成為社會資源耗用者，而不是一位從社會第一線逐漸退下來的貢獻者的印象，使長輩對自我生命肯定的尊嚴逐漸失喪，很是可惜。長照的核心焦點在生命價值的維護。

北歐多年來對長輩的照護經驗值得我們參考。生命是有價值的，即便是退休，其生命的價值猶在，仍須妥善呵護經營，仍可因獨立思考生活自主而維持生命的意義到最後一刻。我們醫院的徐賓諾與紀歐惠宣教士醫師就是見證。北歐的長照系統規劃及照服員的教育推廣值得我們參考。

廖曼利
‧國立屏東科技大學景觀暨遊憩管理研究所助理教授

這是一本能令自己成長、收穫滿滿的工具書！

臺灣在邁入超高齡時代的前夕能出版此書，意義重大。

我的專業是園藝治療，在研究所開了四門專業園藝治療的課程，來修課的學生們大多是因為對「植物」、「園藝」或是「對人的服務」有興趣而來。然而任教與服務社會的短短幾年，讓我深刻體會到多數人在「求新」、「求快」、「求績效」的臺灣文化薰陶下，往往只希望利用簡單操作模組來解決問題。然而，這樣真能解決問題、符合需求嗎？

且放下對這答案是可以還是不行的爭辯，先讓我們好好思考、並品讀一下這本《以人為本！長照各國服務——價值、育才、營運》。

首先，（如同書內所說）先問問自己下面的問題：

一 老的時候有各種的可能，可能還是健康、可能已經中風，可能要坐輪椅、可能失智……。如果到了七十五歲，我已經需要他人的協助，我會希望是什麼樣的互動情景？

二 我無法獨立生活，但還有記憶也還能思考，我知道半年後要去住機構……。當我搬去機構，想帶哪些東西？我的睡眠習慣如何？早起晚起？什麼枕頭？我不喜歡什麼？什麼事我很難接受？

回答完這些問題，將心比心，我們會知道服務的對象希望如何被對待；依此，我們也會知道應該要提供什麼樣的服務才對。如同 David R. Austin（2018）在第八版的 *Therapeutic Recreation Processes and Techniques* 專書中提及「……，協助關係的最終目的是促進成長，從而實現獨立和自給自足。」（原文為 "……, the ultimate goal of the helping relationship is to facilitate growth that leads to independence and self-sufficiency."）(p.262)。實現讓服務對象能自我選擇、善用能力以促進獨立自主生活，就是書中「以人為本」的價值引導。

接著，我們可以運用書中第二部分，來改善與思考如何改變教學與學習方式，讓服務提供者 empower 自己，獲得成就感與滿足。身為老師，這個部分讓我受益良多。書中提及的設計思考、跨域共學、退休準備學習、在職教育、長照自學、個案研討、服務實習等，每一種型式都值得我們從不同的角度來學習，並將其轉化運用在職場中。而這過程，最重要的仍是以人為本，秉持初心與熱情，看見自己參與社會貢獻的價值！

最後，再將所學的知識與經驗導入營運或傳遞服務的過程裡。這可以參考本書第三部分的各國範例來進行腦力激盪，然後將結果帶到現場運用。用心以人為本，那怕只是一點點的小改變，都會在過程中看見服務對象以及自己的價值與美好！

試試看！且讓我們以人為本，並以慈心為念，實現此時此刻的服務現場，即是滿心喜樂的天堂！即是平等無別的淨土！

蔡茂堂

・前恆春基督教醫院院長
・前臺大醫院精神科醫師
・前臺北和平長老教會主任牧師

一朵五瓣小花

根據世界衛生組織二〇二一年報告，全球失智者已超過五千五百萬人。二〇二二年底臺灣失智者已達三十二萬人，預估未來二十年中，每半小時會增加一位。面對銀髮海嘯，失智議題儼然成為全球關注的重大議題。

DSM-5 把失智者歸類為神經認知症（Neurocognitive Disorder），醫學模式聚焦於疾病的預防與治療。一九九七年英國社會心理學家基特伍德（Tom Kitwood）倡議失智者關顧改為社心模式聚焦失智者人性維護。

人性就像一朵五瓣的小花，中心是愛，周圍環繞著五個花瓣：特質（Identity）、舒適（Comfort）、從事（Occupation）、歸屬（Inclusion）、依附（Attachment）。失智關顧應該聚焦於以人為本的人性中心關顧。

很高興周傳久博士把他多年實地參訪北歐多國以人為本的失智關顧情況介紹給大家，盼望臺灣也能夠開出朵朵燦爛的五瓣小花。

簡璽如

．財團法人福智慈善基金會北區敬老窗口

態度決定生活，人該活出人該有的樣子！

您對未來長照發展有信心嗎？當您躺在病床上無法自主時，對服務團隊有期待嗎？當您無法控制大腦時，您會相信有人正嘗試不同辦法進入你的世界？拒絕想，不代表不會發生……早點觀察、早點行動，可以讓住在這片土地的我們，有不一樣的信心！

這是一本勇敢反思老病生活權益的專書！從個人內在習慣與動機的主動積極去終結旁觀者心態。透過筆者走訪多個強調人權的國家，長期融入第一線服務領域去觀察、交流、分析，希望透過專書的出版，引領更多讀者來檢視國內長照服務的發展，共創臺灣的長照心視野！

當市場的商機蓬勃發展去呼應民眾複雜需求時，筆者的眼光則是落到長照永續經營的重要推手——育才！將人才開發、留下來、有成就的互助共存。書中提及價值的鐵三角——專業、經濟、信仰，前兩者不陌生，後者常見在宗教團體的運作思維，但更能呼應，越來越多人對靈性的追求與提升，無論是長照從業者、病人及家屬哪種身分別，帶來三贏的思維，讓服務不再單向進行，而是在熱情的互助共存中，彰顯由於彼此的陪伴，提升了生命的視野——人因夢想實踐而壯大，人因共伴而不懼怕。推薦現在或未來想投入的人才們，能從本書耐人尋味、生動驚嘆的實務經驗中，告別機械式、埋頭做事的選擇，懷抱以人為本的理念，著眼雙向溝通、換位思考，從對方的身心、生活處境全盤考量，讓自心成為帶動技術、資源，發揮功能的火車頭。服務使用者不再以病者或失能者的角度被定義，卻能透過熱情、創新、專業的團隊支援下，感受到被理解、被重視、被欣賞、被相信自己有能力、受邀請參與自己美好生活的決定，享受表達、樂於活下去，這完全是水幫魚、魚幫水的自然融入，剛開始不容易做！但一旦嚐到成功經驗很難停下來！

觀察國內照顧服務人力供不應求的狀態，許多服務使用者也感慨先求有不敢求好的無奈，專業信賴關係不足下，無法全然回饋給服務提供者友善的態度。而服務人力現有的處境，也正被期待轉變，投入的人力越來越年輕化、服務模式多樣化、養成背景異質性高、遭遇的工作難度越複雜等，在職訓練模式、課程教材的轉型成為可以積極仿效的關鍵——本書介紹 ABC 專業深化學習（鼓勵自我導向學習小組的熟成）、教材設計是回應學習者的狀態，這解決了原有——基礎、制式、重複、單向互動的限制，活化個人的思考，並透過共練的過程，強化因應挑戰的能力。讓在職教育不流於形式，成為專業人員的實質助力！

我喜歡和文本做對話，並沉浸其中。這本書第三 part 讓我有很大的空間去將他人的成功經驗與臺灣經驗做震盪，像是：芬蘭的多價值社區圖書館；挪威的失智合唱團；挪威和荷蘭的失智村；丹麥茂盛花園護理之家、羅森隆德失智照顧經驗等。讓前面的信念透過圖文的解釋，活生生實踐在眼前，有一群人因為彼此相信，正在跨越藩籬。小從專業人員的職稱就能窺見以人為本的思考；大到環境設計、團隊合作模式、社區融合等友善程度。我們的慣性繫縛住現況，想要享有怎樣的長照旅程，我們不能等，所有專業人員傳遞的信念，有一天會自己品嚐。

勇敢的面對有一天不再健康、無法表達自己時，不被大環境影響放棄自主權！讓病者有尊嚴的生活、讓長照從業者享受成長的喜悅、讓家屬有喘息、希望與信心。筆者說的好～態度決定生活，人該活出人該有的樣子！

蘇世強

・埔里基督教醫院院長

承周傳久老師的邀請，要我為他的第六本書寫序。周老師長期專注長照議題，常走訪各國的長照機構及相關教育機構，尤其是北歐各國。剛好埔里基督教醫院的創院前輩有些來自挪威，在醫院的服務內涵有「服侍善工」的理念，是以人為本的概念。周老師在本院擔任顧問，常將他在北歐所學所領受的知識和經驗，分享給院內員工，尤其是長照單位，讓我們藉著演練及反思，以人本思想來改善照護品質。

本書是周老師根據他在北歐的經歷和教材、臺灣的輔導所見，再加上一些個人的心得所寫成。分為三個部分：價值引導、育才啟發和導入營運，針對核心理念，教育訓練和實際運用都有很詳細的解說。閱讀本書可以比較臺灣和北歐在長照方面的各個面向，從而發現這中間存著巨大的鴻溝，有些是政府政策需要修改，有些則可以從民間的服務提供者來努力，但根本的解決還是要從心發出反思並以人本思想來執行，才能改進臺灣的照護品質。

本書即將付印時，在挪威遇見三位老人朋友。

一位油漆工喜歡彈吉他、做精細的船隻模型，與朋友收集挪威各地模型開了博物館。他關心社會，用這兩樣興趣到監獄協助鼓勵受刑人。後來成為監獄殺人犯的教誨師。有次帶領犯人做模型，說自己以前失戀很難過就做模型，調整生活節奏，感覺自己還是有價值的人，又能欣賞作品。這時一位殺了女友而被判重刑的人忽然把做模型的桌子掀翻，說自己要是早點遇見這油漆工就有機會不殺人坐牢了。

另一位是木匠。在美國紐約大樓被恐怖分子開飛機撞樓後，聽到美國總統說，誓言解放伊拉克，使伊拉克人得自由。木匠困惑，何以一個國家的領袖有資格攻打別人，說使別人得自由？自由是什麼？於是木匠設計一趟從挪威到孟加拉的駕駛汽車旅程，自己一路訪談不同社會的人，什麼是自由？然後集結成書，設立網站繼續與世人交流，什麼是自由？誰決定誰的自由？

還有一位是開刀房護理師，帶筆者參觀控制峽灣最重要的砲台防衛系統和電子通訊監控設備，說明戰史、衛國英雄的智慧和如何克盡職責，解說專業且可以接受訊問而深入回答相關的科學問題與人文反省。她在戰後出生，聽過很多戰爭時的故事，希望此生不再遇見戰爭。護理師不是只有興趣或專精醫院的事。

以上三位老人共同特性是興趣與求知不受限，追求豐富廣泛的利他人生。似乎與別的社會對油漆工、木匠、護理師的想像不太一樣。他們有本行的高度專業，有健康的自我形象，有充分的自由追求自己想學、想做的事，有批判自省的獨立思考，樂於花心思幫助周圍的人。

您希望周圍是以上這樣的人嗎？您羡慕這樣的生活方式嗎？什麼樣的價值觀在這個社會創造指望？價值觀如何影響國民素養，看待自己存在的意義與責任？在乎、支持別人也享受尊嚴的生活？讀者可以在本書看到一些脈絡。

本書分享了近年筆者走訪見聞。用上面三個人物故事在序言，是補充一點文化背景，希望和讀者一起體會這本書各種故事的背後，當地國民的生活思維。在資訊太多、注意力很難集中、社會挑戰更嚴峻、資源負荷更沉重的年代，我們如何因應高齡社會？除了一直討論金流運轉，是否也可以花些心思在價值思辯、知識補強和發展方法？我們到底想要怎樣的人生？得到怎樣的社會我們看為好？我們在其中的參與是什麼？

無論一般民眾還是服務提供者，建議您拿起筆來一頁頁品味，哪些句子、觀念和故事您有感而心嚮往之？邀請您鼓勵自己和周圍的老人，如上面三位熱情的挪威朋友，選擇追求豐富、意義的人生。相信更多人這樣生活，社會可以不一樣，有新而美的盼望，看到以前沒有想像到的機會與資源，一起打造未來。

目錄 CONTENTS

PART 1 價值引導

PART 2 育才啟發

PART 3

導入營運

1 PART 價值引導

1.1

挪威教會醫院如何傳承價值

導讀引言

曾經多次在臺灣經過醫療院所與長照機構，大樓好長的落款或大紅字寫著「創新、榮譽、專業……」，似乎這個機構在表明其經營理念。但到底是口號還是員工真的共識遵循於日常？直到去挪威看到、聽到這醫院的一貫落實方式，才弄清楚照顧服務機構的價值引導人味創新是怎麼回事，也瞭解為什麼這不能便宜行事用複製抄襲的。可由上而下，也可由下而上，本文屬前者。

走進已經百年的挪威奧斯陸「執事之家」基督教醫院，[1] 裡面有個小教堂。首席院牧絲瓦塔斯摩和兩位「服侍善工護理師」在此接待筆者。絲瓦解釋小教堂設在整個院區動線中心位置，希望更多人來看病能經過、接觸到這個空間。任何員工、家屬累了，可以在全天任何時間，來這個氛圍設計過的地方喘息、得到平安。希望大家走過這裡可以學習如何面對生活。

教堂是服侍善工[2]的象徵，表達上帝的愛，彰顯這醫院的根源和主張，不只療癒身體，還有服侍善工理念的照顧，是看到全人需要。禱告室裡有個可以投遞紙條的小盒子，鼓勵任何希望院方人員為其禱告的紙條放入。任何宗教文化背景的人有個選擇的機會，將重擔困難交給上帝，而醫院承接這些求助，小教堂甚至歡迎不同宗教的民眾來此聚集。

1 https://diakonhjemmet.no/

2 「服侍善工」是希臘語 Diakonia 的中譯，源自《聖經》，效法耶穌的風格服務別人。包含倡議、教導、服務，為不平等、受壓迫者發聲，維護人的尊嚴與社會公義，鼓勵人幫助別人，尤其被社會和體制忽略的人。歐洲各國有許多以此為名的學府，被護理界奉為表率的南丁格爾，其實早年在德國學習的地方正是德國「服侍善工」大本營之一。

以具體行動表達福音，是一百多年前北歐經歷敬虔復興運動，並接受新教後，很看重的信仰生活方式。這個醫院創設時逢工業革命與都市化，有許多人失業、流浪、調適不良或者缺乏資源生活，還有流行疾病、公共衛生威脅。醫院本於信仰，特別留意被社會和制度忽略的人與他們的需要。如今，面對專業競爭與進步，成為現代化醫院，接待一般病人，發展不同時代流行疾病的專業治療能量。

沿襲設立傳統迄今，時空轉變，社會福利制度進步，醫療科技創新，但更多不

小教堂歡迎各種信仰的人用這裡來喘息。

同文化與價值觀衝擊醫院原有的信仰服務。同時，高齡少子社會使護理師等職業服務提供者短缺，帶來另一種困境。如何能本於醫院立基之根，於不同處遇找出新的因應方式，歷任主管希望達成。

教堂是信仰象徵，實際醫院運作，院方每隔幾年就會有價值傳承創新計畫。以二〇〇一年迄今為例，從整體醫療制度、人員訓練、價值管理統合規劃出七項計畫，希望實際的醫院營運與醫病互動展現福音色彩、顧念人心。

這些計畫都以「服侍善工」這個從創

小教堂內歡迎所有家屬與患者提出代禱內容，由院牧等禱告和針對需要去關懷。

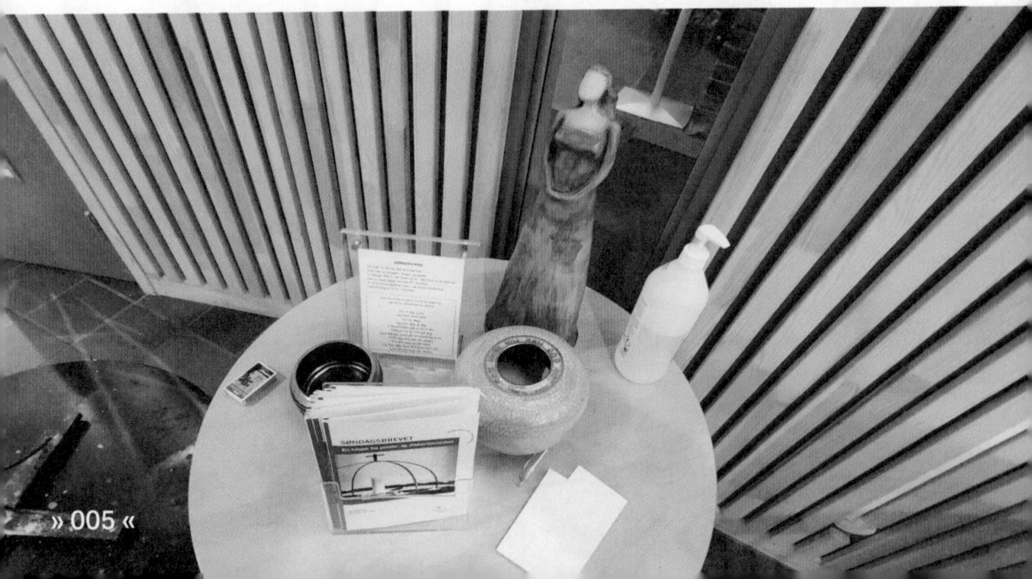

院以來，秉持本於《聖經》的古老服務觀念傳承為出發點。

服侍善工護理師主管說，「以人為本的照顧，如何在實際照顧工作做到服侍善工很重要」。當然，這需要裝備涵養，人應該如何互動，活出人應該

本文報導的醫院的正門，一進門右邊就是小教堂。
醫院的氛圍不僅靠硬體，還有內部工作文化影響的人際互動。

有的樣子。院牧部和醫療專業人員一起努力，設想服侍善工如何促成與促進這些理念於對待人。如同《聖經》馬太福音二十五章所說，「因為我餓了，你們給我吃；渴了，你們給我喝；我作客旅，你們留我住；我赤身露體，你們給我穿；我病了、你們看顧我；我在監裡，你們來看我」。提供、顧念、滿足人的各種基本需要。援引這種理念，醫院各部門照顧人的時候，圍繞於病人四周的服務提供者們會採取醫療作為，這些作為因有服侍善工理念，而有一種風範方式（pattern），做什麼與如何做，甚至不做什麼。例如開刀，帶有服侍善工的風範方式與思維，看有傷口的病人遠遠不只是一個傷口，還有其他層面，人有一條腿受傷也是如此。接待筆者的護理師說，「我們不是耶穌，神職人員不能使病人復原，所以我們需要醫師。但我們一起服務，會考慮服侍善工模式於整個照顧設計與執行，彰顯醫院的核心價值於實際」。現在更重視跨領域訓練和新科技引入時，如何找到方法落實服侍善工理念於照顧方法創新。

七項計畫中，二〇〇五年有個計畫就稱為「服侍善工護理師」，本意是醫院存在是為了給病人最專業而且溫馨實踐的方式照顧。隨著醫院走向一般綜合醫院，又配合政府醫療給付與評鑑制度，這個醫院希望不要失去原味，這也是存在的意義，彰顯福音。同時，有些護理師有感過度制式的工作阻礙了完整護理專業發揮，難以實踐護理理想。於是，院方在執行長、院牧、護理師等多人討論後設計這種制度，提供護理師機會，每週有一天，通常是週三，能夠脫離排班，在病房以另類方式發揮護理專長能力，做任何護理人員認為可以發揮護理光輝與醫院核心價值的服務。這顯現服侍善工該是什麼樣子，如何用於實際照顧工作。不是某一位護理師用個人的價值理念做，而是清楚用醫院的價值理念合作行動！他們沒有額外的辦公室，必須都是一直在病房現場「前線」，與各病房護理長保持良好相互理解與聯繫下獨立直接行事。

服務大致有幾種對象場合：

首先對病人。當然，要看見人的需要。例如住院病人孤單或有事想要與家屬聯繫，幫助他，可能是一早洗澡時多花點時間給病人。住院比較久的病人，幫她洗頭或帶她去美髮店整理。護理師每個週三擔任這種特殊職務的作為可能不同，要看當天護理師到病房時看見什麼、聽見什麼；想到服侍善工理念的核心價值，應該有何行動？這些事，可能是很小的醫療的事，或不是純醫療的事。多做一點什麼，對病人的尊嚴、舒適有很大支持。

其次是為病人家屬。要看家屬有什麼需要，再來是為病人發聲。為難以表達或沒有親人等各種弱勢病人表達，就像耶穌在聖殿裡面的許多作為一樣。另外，以批判反思眼光看有什麼造成病人苦痛的醫療或牽涉倫理的照顧問題，提出服侍善工角度的問題，邀當班醫護人員成立反思討論團體，用友善專業溝通方式而非對立爭論，討論、調整照顧方式。或稱綠燈討論模式，不是紅燈討論模式。服侍善工護理師很重要的素養要讓現場醫護人員感受是來幫助、有助照顧品質，讓現場人員對所提的問題有興趣，而不是來亂的。

最新擔任服侍善工護理師的卡蜜拉說，「通常在開放氛圍下，善意提出質疑」。這是因為挪威護理教育非常重視且明確的教導，護理人員在醫師面前有責任、權力與地位為病人伸張權益表達聲音。不是護理師自己的觀點，而是代表病人的觀點，因為有時若護理師不幫病人表達，就沒有人幫病人表達了。醫院也希望實習生看到護理師怎樣從病人的眼光看照顧。這類倫理討論透過六個程序：一、界定問題的倫理爭議面，因為有時候醫療照顧很快就看狀況採取行動，但是可能輕忽倫理面考慮。二、找出相關的具體事實，病人是誰？有什麼相關背景資訊？現在處境如何？三、找出包含病人、親屬、醫師等所有關係人，從這些人不同的觀點合併醫院的理念看倫理問題。四、哪些核心價值角度看這個個案照顧覺得有問題？例如從尊重的觀點，或公義觀點，法律說必須做什麼？提醒同事，如行善、自主、無傷害等。五、從上述討論重新看更實際的更好的做法是什麼？也許需要就此個案找其他的照顧指引當參考來找答案，或找牧師或別人討論。六、結論是怎樣的做法？尤其護理師比醫師有更多時間觀察到病人，這就是為什麼護理師有很充分的理由提出意見。從病人的觀點為病人提問，例如安寧照顧時是否過度醫療？以

院牧和服侍善工護理師分享服務經驗。

開放態度與醫師討論病人的生活品質。有時現場當班照顧一直在忙例行工作，這時服侍善工護理師可以貢獻，不是要告訴醫師該怎麼做，而是說明情況與醫師開放對話。

第三對象是護理師的同事，那些當班的護理師。尤其是新進護理師，他們可能不熟悉、或者害怕、或有別的壓力。服侍善工護理師可以去現場，以實際專業行動支持他們。看他們的需要，也要得到他們的信任，知道服侍善工護理師的專長和角色。

這種制度一開始考量到可行，另籌經費。經過漫長艱苦充分開放的討論，基金會與醫院誰分別出多少錢？怎麼進行大家可以接受？形成一個範例模式，詮釋理念。醫院也不可能因這種構想在正班護理師之外，另外創造十位服侍善工護理師，而且人生病也不是只靠這種護理師就可以治好。所以實際上要從現有護理師來遴選培養，以兼任還要設計新的班表，目的在給這醫院裡的病人更好的照顧。後來因為評價好，也能提升護理師士氣，所以並沒有停止，反而一直發展。

從二〇〇五年開創，逐漸演變發展和深化，到二〇二二年，十七年後已經有七個病房各有一位服侍善工護理師，包含安寧照顧。主管說，「這種制度要執行好，並非僅從醫療領域找到方法，而是要另從核心價值建立指引」。這是發展過程的一部分，這樣才能因不同狀況而有所本的合宜應對。最好的願景是，促成不同領域角色參與照顧的人一起形成完整的風範模式。

1.2

挪威大學如何協助醫院傳承價值

導讀引言

有時實務界會無奈評鑑委員來自學術界，可是政府又喜歡找學術界，因為委員有博士，官員比較安心。其實學者有學者的專長，實務有實務的經驗，兩者能友善互助，對服務發展可以更嚴謹細緻。這又可從價值、態度，這類似乎抽象，實際上展現於每日服務的主題，要怎樣研發與落實看出。可由上而下，也可由下而上。本文屬後者。

挪威的VID科技大學（特殊國際服侍善工大學）於二〇一六年合併，多個有基督教設校理念的健康照顧學府，目前分散在挪威各地共四個校區，這些學府最早成立於一八四三年。

繼續以學術和實務整合發展，延續基督教服務價值來面對當代生活環境種種挑戰。

兩位該校老師分享他們如何結合醫院發展服務價值管理，分別是 Gry Espedal 助理教授，主要研究服侍善工價值引導，主修社會科學與神學，曾擔任醫院護理師與院牧；還有 Kirsten Tornøe 助理教授，曾任安寧護理和老師二十四年，主修護理與神學。

協助領導階層發展服侍善工價值引導服務的 Gry

筆者夫婦與花很多心思物色適合說明校務人選的前校長 Ingunn（後排左一）、老師 Kirsten（後排左二）、老師 Gry（後排左三）。

表示，通常實踐基督教人觀的專業服務照顧，傳承歷史與文化資產，會遭遇經濟財務的兩難，可能需要尋找資源支持。要配合不斷變動的醫療制度與一般醫療院所的經營邏輯，維持營運效率，讓醫院服務帶有服侍善工色彩常會受到考慮經濟的衝擊。

醫院主管曾說，「柴契爾夫人提到《聖經》撒馬利亞人救人的故事，想到若撒馬利亞人沒有經費可以支付旅館費用會怎樣」？意思是我們得想想如何在服侍善工服務組織和醫療院所發展資源之間建立橋梁也很重要。

價值是由一種人與人互動方式展現，也是一種「關係」，在困境中如何互動面對。尤其冠狀病毒流行後，醫院不斷碰到要保持一公尺還是兩公尺距離的規則，家屬能否探視等。同時醫院還要面對其他壓力，例如員工背景多樣化，屬於不同宗教，或比較世俗化的生活想法。這種態勢下，醫院仍向員工介紹創辦人的想法、撒馬利亞人故事，形成核心價值，包括愛與關懷的熱情，還有合作。

醫院領導者面對的不止護理師，還有牙醫、工程師等各種職務者。這些不同背景的人來自不同地方和生命理念，聚集在同一醫院，這意味著充滿多樣的價值觀。醫院不僅在屋頂有個十字架標記，也建構一個三角關係圖說明，三頂點是專業、經濟、和信仰認同，組成價值發展。兩兩之間都有價值關係的互動，醫院經營不能弄到赤字地步。

醫院把最早一位挪威護理師雕像擺在醫院外面，是要連結歷史、彰顯由來。同時嘗試用各種新特色的實踐方式來連結、彰顯所秉持的價值意義。在醫院建立道德倫理敏感度，很在意價值實

該校老師與醫院多次討論發展新的價值管理營運架構圖。從三個變數單獨討論、兩兩討論、三者合併等順序尋找適合的營運構想。

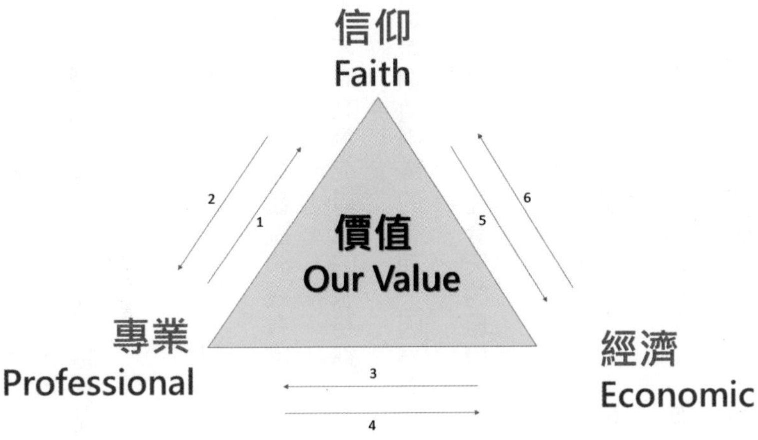

踐。我們有時說以價值為本的領導，但更多的時候我們說有價值意識（有覺察能力）的領導，這包括不斷反思我們的基礎價值和現在現實的差別，透過各種大大小小外顯內隱的方式展現價值。

在醫院和學校有許多服務營運環節會面臨價值選擇，透過例行工作、實踐過程告訴大家，什麼是對的和不對的。教授投入一項調查研究，想找出基督教醫院到底有哪些平時視為理所當然潛藏各處的服務氛圍（感受），沒被拿來大做文章或口說的服務細節，傳承了照顧價值？到底醫院現在有哪些現象我們可以說這是價值引導的管理？因為有時員工與客戶會聽到這醫院重視服侍善工方式服務，但到底那是什麼？在今天的環境表示什麼意義？

研究方式是透過訪談超過六十位員工，問他們在個人職務中有做了什麼不同的事情顯現了信仰價值？也許他們想讓大家瞭解。結果得到大量的回應，用敘事法整理成一個個故事。計畫的指導者（前任校長）看到這麼多故事，提議說，「我們能否用許多『祕密』來表達」？「後來我們將收集資料結構化，分析故事告訴我們什麼。我們發現許多故事的表現或意圖，很接近《聖經》中所說的撒馬利亞人故事。例如許多故事關於有人跌倒或沒人注意的需要，但員工注意到而去協助」。這種故事收集和去訪談一位主管要如何實踐價值，然後他解釋一大堆他打算如何實踐不一樣。

就像挪威最早一位護理師傳承下來的故事，如何看到人的痛苦、

挪威價值管理三角能使許多學員得到幫助的前提是要有開放、平等、透明、有安全感的討論氛圍。

貧困、染病、衛生問題而用專業與信仰去改善。直到今天仍有相似的挑戰，我們如何本於一樣的態度去面對？例如有位病人之前到處逛醫院想得到照顧，但花了很多錢都沒有得到期待的照顧。或者想想，到處看病卻找錯醫院的人要付上多大的交通成本？來到這醫院能得到什麼照顧等等。希望收集各種故事看到底有哪些傳統價值在今日的醫院仍活生生的行於各角落。

在臺北與多位醫學中心護理主管試用挪威價值管理三角討論找出許多創見。

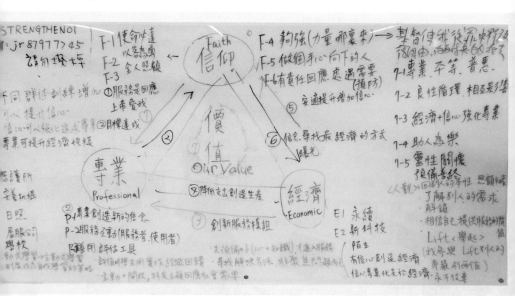

Kirsten 認為服侍善工原始是按著《聖經》記載的各種故事，耶穌是人類的主，但祂自己擔任服務別人的僕人角色，祂如何面對法利賽人討論撒馬利亞人故事，問誰是我的鄰舍……。今日身為服務提供者，我們走過病房，如何表達這種理念？現在外界說挪威社會越來越世俗，其實真相或許說有豐富的多元文化比較適切，這對教服侍善工的老師是挑戰。

學生當中許多人聽過復活節等，卻不一定知道服侍人的《聖經》故事。Kirsten 一九八四年護理系畢業時要受過洗、認過信。現在沒有這樣，有的學生說自己是文化性的基督徒。現在維持開放、包容、平衡的態度面對多樣問題和多樣人變得重要。老師對學生的看法是，即使大家信仰不同，也不再要求接受基督教信仰，但希望大家既然願意來這個大學，就期待學生願意學習，離開前至少知道服侍善工表示什麼，或有點轉變。

VID 科技大學前身之一的男執事學校創校者曾說，他看到許多地方需要男性護理師，或者有男性護理師更適合，例如照顧老人、監獄、戰場等。他也曾經懷疑男性能像女性當護理師那樣細心溫柔嗎？如何養成能夠突破原始性別的限制？後來看到不用太擔心。四十年前，學生讀護理，制度是三年護理專業，一年服侍善工。有些同學三年就離校，因為他們來學校是看重學習護理的品質很好，而不是想以服侍善工身分看自己或投入工作。

Kirsten 老師說，「我在護理學習第四年實習服侍善工八個月時，我對罪犯做諮商輔導，犯人也有些困惑。他向我要藥物，我說我沒有任何藥物。他說你是執事？我說我是；你是護理師？說是。因為在監獄裡，執事和護理師是整合一起的同一人，是男的，這也造成我的困擾。所以下次我再去監獄實習，我解釋，『哈囉，我是神職人員』。有趣的是，當我這樣說，犯人搭著我肩膀，願意告訴我他們的故事。他們可接受神職人員有男有女。但當我說我是執事或護理師，他們覺得我是領導階層派來的，更有距離」。

民眾對專業角色有其文化經驗中的印象。專業服務提供者理解民眾的看法，也有助服務提供者掌握應對，逐步使服務使用者調整其印象。

1.3 挪威「積極性支持」的照顧

導讀引言

以人為本、人味照顧、要有溫度……，近年臺灣許多地方可以聽到。包含醫療院所、長照機構，也有長照人員私下期待衛生局官員才最需要展現這些來對待業者。大家認同這些觀念，但這到底是什麼？如何影響服務提供者看自己的角色？挪威老師用「積極性支持」(active support)來倡議引導同學實踐於服務，其所寫的文章，幾乎每一段都可引發一大串服務現場反思而重新看如何服務。

在挪威西部城市史塔萬格（Stavanger）遇見VID科技大學[3]烏爾夫博格老師

3 https://www.vid.no/studier/vernepleie-bachelor-heltid/

（Ulf Ingar Wangensteen Berge）。他主責在一個培養弱勢服務提供者的系，此系培養的服務提供者原文是vernepleie，是挪威與冰島獨有，直譯為關懷者、保護者、弱勢支持者都算不離譜。該校網址自設的英語表達是社會教育者（social educator），[4]兼具醫療健康與社會服務能力，是挪威最容易找到工作的科系之一。幫助各種對象有失智、老人身心障、受創者、自閉、過動、注意力不足、學習困難等，瞭解他們的需要。

私立的VID科技大學，由好幾個執事學校合併而來，希望五年內升格為研究型大學。有四個校區（卑爾根、史塔萬格、奧斯陸、桑內斯）。培養神學、服務、各種醫療社服專業人才。七十年來，VID科技大學和臺灣有密切關係，包含埔里基督教醫院的創院院長等，許多曾在臺灣服務的服務提供者都是來自這個系統養成。

筆者對「社會教育者」這種職務深感興趣，因為過去十多年來多次到挪威學習身心障照顧，在身心障成年人專屬的支持型社會住宅遇見好幾位服務提供者。問他們是誰？他們都說自己是社會教育者，以及擁有相關學習背景，說他是照服員（helsefagarbeider），似乎又不只，像教保員；說他是助理護士，似乎又更像社工；說他是社工，但又可以打針（肌肉注射）和部分給藥，顯然要有些醫學健康相關養成。或許，說他是支持身心障弱勢者生活發揮自主，追求生活品質的教練和助理，更貼切。

4 https://www.vid.no/en/studies/social-educator-bachelor-fulltime/

Berge 老師（中）引見在校執教的牧師 Terese（左）交流，如何將價值管理落實日常服務。

這個世界沒有哪個社會是天堂，可是仔細看，挪威有若干照顧服務理念常常有些人味，一方面要瞭解累積多年的基督教價值底蘊，另一方面，人才養成體系設計與教學方式，乃至教材設計都要一併瞭解，才能脫離身為外國人，常陷於感動後提問，「這個我們可以複製嗎」？「這套工具方法多少錢」？這類有點熱情也有點急功近利嫌疑的看法。

烏爾夫博格老師不但在該系任教，極力倡議積極性支持、正向行為支持（positive behavior support）代替修理、導正、治療導向來幫助弱勢者，避免服務使用者處於被動狀態。該校研究所，則專門研究難以因應的行為如何預防和掌握（prevention and management of challenge behavior）。二〇二三年，全國已經擴展到百分之二十五縣市推動相似理念的照顧。

博格說人有病要看醫生，但不是所有照顧挑戰都是醫療問題。這呼應了筆者在以色列海法大學藝術治療研究所學習時，所長說的，「夫妻吵架去找醫生開藥來吃就有用嗎」？

博格認為，服務提供者學習認識「社會心理環境」很重要，這是指服務使用者的硬體環境，如光線、聲音與其他。設想天天只給輪椅坐而沒有沙發會是什麼後果？

其次是安養機構的其他住民如何影響服務使用者？例如筆者協助的某護理之家，有位長者說白天見到鬼，個案研討差點被當成精神病送醫。真相是同住的三人不斷言語詛咒他，使他難堪又脫離不了。

為了落實積極性支持身心障者而開發的各種可調整高度與空間的居家生活設施。

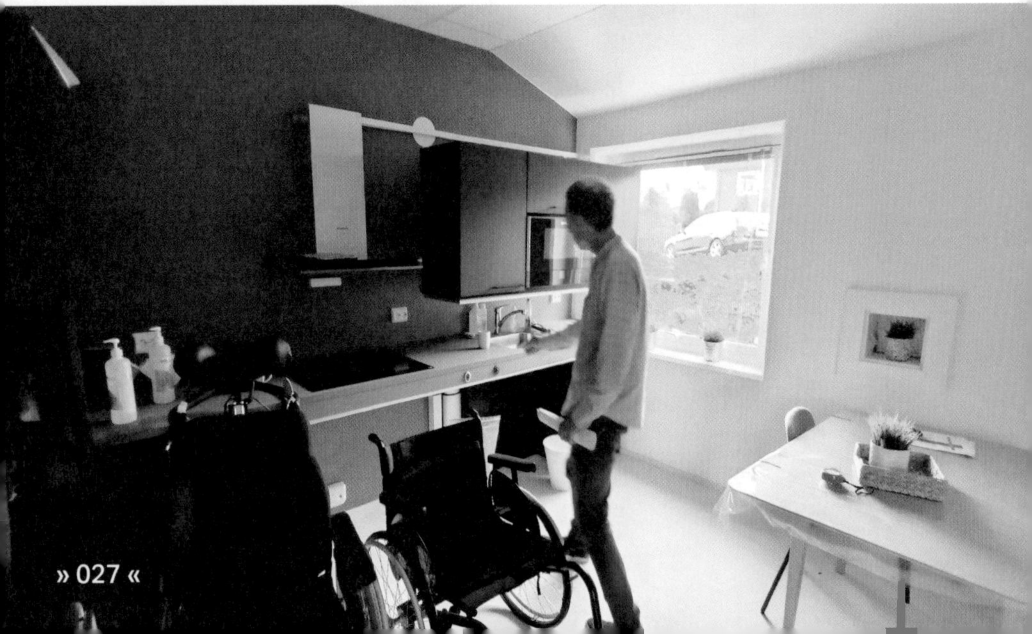

再者是服務提供者如何與服務使用者互動的影響，例如言語、動作粗魯與冷漠。這能影響服務提供者的情緒與行為，但往往服務提供者開會都指向服務使用者自己有問題。

除了基本倫理與專業素養，博格倡議服務提供者應設想一些服務使用者的情緒與行為必有原因。不是要勸導壓抑更不是給藥與綑綁，而是如何創造環境，降低干擾（小心服務提供者自己就可能是製造干擾的人），讓服務使用者能更安全、自在生活，進而支持服務使用者能學習適應和追求生活品質。照顧，不會是教訓、提醒人，而是以服務使用者為焦點，細緻化表達方式，不是什麼都由服務提供者決定。創造機會與環境誘使服務使用者更多參與，進而更多掌握與享受，進一步可以學習成長。

博格舉了兩個例子，例子一是對比傳統照顧和積極性支持照顧的差別。傳統做法是一早服務提供者走進服務使用者臥室，告知起床，拉開窗簾，打開燈，預備早餐。服務提供者決定一切。積極性支持照顧做法是先想一下，服務流程每個環節如何促進服務使用者參與？服務提供者一早進服務使用者寢室，告知已經是早晨，想起床了嗎？若服務使用者說還想睡十分鐘，服務提供者表示理解和說明等一下再來。再來，預備起床了？好！協助起床坐到輪椅，然後推輪椅讓服務使用者有機會自己打開自己寢室的窗簾，然後支持服務使用者上洗手間、自行梳洗和吃早餐。

這種做法不只處理醫療健康基本相關需要，也支持生活維持與發展，比較能讓失能者感覺自己還可以多角度決定自己的生活。

有了這種內在意識，有助更進一步生活期待的想像和參與。其實，積極性支持的內涵之一就是服務提供者要思考判斷，針對特定服務使用者條件與性格，如何在服務過程營造最大機會讓服務使用者能參與自己生活的決定，享受參與，讓他們有表達的機會。

這是人味！可見服務提供者要用心、要去設想，是善用、慎用權責與知識的專業創造性服務藝術行業。不能做個機械式服務提供者，更不能只是來執行工作、換得薪水的過程。若這樣，會不斷發生難以照顧的情境與無力感也不難想像。

博格的第二例子，有位老太太對服務提供者說聽到小孩在喊叫吵鬧，但明明房間只有老太太一人。傳統的想法可能否定老太太，這已經讓老太太可能更困惑挫折。或從醫療的、疾病的看法切入，可能要送去精神科、隔離起來、心理治療……。如果服務提供者有社會心理環境認識，可能會找原因。後來，服務提供者覺察是老太太的輪椅軸心轉動發出尖銳的雜音。老太太不知道是這樣來的，她只是聽到，用「有小孩喊叫」表達，於是服務提供者拿油來改善噪音，所以，博格說該「吃藥」的是輪椅而不是老太太！

傳統思維未必改善問題，而且啟動一連串成本可觀的送醫過程與照顧人力。生活品質不全然來自昂貴的硬體裝潢與運動機器，而是如何被對待。筆者這時想起，曾路過一個機構，有成功申請公費補助百萬身價的能力回復機，一早聽到照服員用罵的在叫老人運動，真值得想想！

社會心理環境概念提供我們許多視野，例如臺灣有些安養機構六人一間，複製急性病房結構與服務方式。一位還能講話而對生活有期待的住民對筆者說，「我的房間另五個人不會講話，躺在那邊。你要我和別人做什麼」？這麼真實的告白！想一想，這位住民的社會心理環境如何？這個公立的安養機構引進許多資源，卻一直苦於一些照顧挑戰。六人一間，這裡不是病房，住住就走，而是他的家！或許，社會教育者的教育內容與思維可以為未來臺灣的服務帶來些想像。而且，所有發展難道都只能繫於經濟條件來解釋一切的能與不能？

Berge 老師的學生們用設計思考課本在平均三年半課程的最後一年進行整合服務設計研發。

「社會教育者」在學院的教育是全職學習三年，兼職來學需要四年。另有給證書而非學位的一年期繼續教育（可能政府補助），這是在職者為了裝備能力因應挑戰。三年全職學習者，學習流程是每學期十週學理加測試，多個學習模組後有實習。

每一年有不同實習對象與主題。第一年主要是社工與失能，第二年是醫療、失智，第三年自選，可能出國。出國以小組方式而非單獨一人，學校有學習支持系統追蹤輔導，配合出國實習有在地指導諮詢者協助。許多人去他國，老師與學生討論評估適合的選擇，也可以創造新機會，而不是「對不起，我們只能……」。

為了提升學習品質，這科系如其他高等學府，老師要學教學法。[5] 通常是一年學習，要上課、寫報告，與其他老師身分的學員一起觀課、寫報告，還有課程設計、教材設計。博格說，「教長照，你不能寫一本大家看不懂的書」！學生是誰，決定書是什麼樣子。北歐各國已經出版許多大學教學法專書，不斷累積發展，因應教學科技和學生特性與社會需求。[6]

這是因為近年高齡少子，人們生涯規劃殊異，一個大學或技職教育的班級出現年齡差異、背景差異、教育程度差異而同班的情形越來越普遍。可能不好一起教，但老師若有成人學習素養，則可能調整教學與班級經營，讓有特定多年經驗的人和一般同學共享共學。這些人才培養智能，許多國家正積極調整。

在未來，顯然是職業服務提供者更不足、服務使用者需要暴增的處境，人才培育制度設計、服務理念乃至評量，不是為了便宜行事，也不能脫離現實虛耗成本，而是更有效幫助更多人發揮能力、展現尊嚴，替代被動、沉重的服務換得營利，或可思考。

5 https://www.vid.no/nyheter/kurs-i-hogskolepedagogikk/

6 https://www.adlibris.com/se/bok/hogskolepedagogik-9789147093427?fbclid=IwAR2G9Zl0zIMH08i3AObxgkdOWhKy7Asa4tYgFF4LBnTTSWGmyPKQpYInT9s

1.4 短命國變長壽國——芬蘭健康促進推手的家庭價值教育

導讀引言

在芬蘭森林裡遇見老先生聽一首歌哭了，她太太也跟著哭了。後來又在其他場合聽別人說這首歌很動人。筆者還是不明白為什麼？或許不解他們的文化，經多位芬蘭朋友解說才瞭解一點。其實歌曲描述的主角，筆者聽聞他很久了，終於有機會遇見他。直接聽他講他的故事，包含這歌怎麼來的，如何影響他的人生。他被稱為扭轉二次大戰後全芬蘭健康促進現代化的關鍵推手，他主責的方案早已成為世界衛生組織心臟病預防的經典方案。

公衛經典故事始末

芬蘭前國衛院執行長、主責世界衛生組織慢性病防治的佩卡醫師（Pekka Puska）

一九四五年生，年輕時先完成政治學碩士，後來讀醫學成為醫師。二戰後在芬蘭東部調查和採取介入作為的中年男人心血管疾病防治，成為世界健康促進經典案例（North Karelia Project），那是世界上從個人訴求走向社區健康促進策略的先驅經典故事。

他是醫師，但主要時間不是花在看病而是策劃預防計畫，這在當時與一般民眾對醫師職責的認知和期待大不相同。投入預防，是看不到前途的工作。

他二十七歲還在服兵役時，在非常落後的醫療資源地區，看到許多幼兒園小孩的父親因心臟血管疾病而早逝，是當時全世界冠狀動脈疾病最嚴重的地區。偏鄉，需要大量醫療資源，當地民眾也希望做點什麼改變，但不知道如何著手。

一九七二年，他受命主導改善計畫，成立調查小組，調查出膽固醇高、高血壓、抽菸是證據顯著的關鍵普遍現象。他認為破解挑戰，不能只針對單一項目處理，也不能只是針對個別診療時幫助勸說而已，而是預防性生活方式改變更重要。在那個年代，重視預防和找出心臟病致病因子都還是原創性的工作，最重要的是與社區生活方式密切相關。

有位教授Marti Karvonen邀請他參加計畫，事後幽默又嚴肅的回憶，一生最自豪的事是引介佩卡醫師加入計畫。當時佩卡醫師跑到赫爾辛基Marti這位專家的辦公室要求他協助，Marti勉勵佩卡醫師，「這是你的計畫，不是我的計畫」，之後支持佩卡醫師。不是因為他傑出，而是年輕且有涉獵流行病學。這樣，可以長期推動，這也是遠見。

筆者和Pekka Puska討論健康促進策略並瞭解其家庭教育如何影響成長。

那時整個小組都很年輕，交給他們也有很大風險，但這些組員都有動機希望發展比較激進有幫助的策略，可想像的是容易引來許多人批評。因為民眾沒聽過他們的看法，又年輕，連那時的心血管專家都質疑這些年輕醫師在做什麼「社區為基礎」的預防？這些都成為阻力。

佩卡醫師著手問題關係人聚集「設計思考」，策動公共衛生護理師與醫師還有非政府組織，不只與健康相關的，還有主婦協會、勞工組織、農民組織、地方飲食商店、地方生產業者、學校等。讓學生學習喝脫脂牛奶，回家也如法炮製。

重視善用媒體

媒體的貢獻在當時不是宣導資訊，而是不斷報導各種活動如何協助改善問題，「不是告訴人訊息，而是支持人怎麼因應挑戰」。佩卡醫師說，「媒體希望有新的內容，所以每次要預備各種角度和有吸引力的內容」。由於心臟病防治不可能天天有新的內容，但是要知道持續監測對公衛而言很重要。而且年年有新的記者加入工作，他們不一定都瞭解來龍去脈。再者，民眾的生活隨著經濟改變，往往抽菸、喝酒、買車、飲食都在不斷改變生活方式，所以實際上也不會天天都沒有新的素材。

從事健康促進的人要瞭解這些背景，晚近飲食不但要健康，還扣連環保永續，這就更複雜而有新議題。人們得有能力取得適量健康食物，還要同時考慮食物來源友善地球，才可能有健康食物吃，且能繼續吃到，這些都可能要與媒體合作發展。

後來這經驗升級成國家層次。有宣導、有立法改變政策，也有全國性公視健促節目配合，[7]「我很高興健康預防的觀念透過電視廣播和學校傳播開來，影響芬蘭人的健康」。

找相關單位一起合作

公衛人員一起深入社區，看到民眾愛抽菸、愛吃奶油、不喜歡吃蔬菜，設法支持調整飲食與生活，那時沒什麼人聽得懂社區預防。考慮這麼貧困的地區，太太對飲食的影響大，他們愛先生，擔憂他們的先生，公衛小組決定把握這個文化，聚焦策動中年男人的太太們影響先生的飲食習慣。

包含邀請直到二〇二〇年代仍活躍的婦女餐食推廣組織[8]，來共同發展計畫與推廣活動。這個組織在許多村落都有分支站，一起調整有效降低心臟病風險的菜單，「這樣婦女可以有更多美好晚上、更長時間與他們的先生相處」。當時許多先生回家要求喝想喝的重脂肪牛奶，太太很有勇氣地拿低脂肪牛奶給先生。有些先生拒絕，但有更多先生沒有發現或感覺就適應了新飲食，這很重要。

其次，二戰後物資缺乏，沒有奶油。隨經濟條件改變，大家想吃更多，帶動牛奶產

---

7 芬蘭公視健促節目 https://yle.fi/a/3-12387008「健康的關鍵」Terveyden avaimet YLE https://yle.fi/aihe/artikkeli/2008/04/07/terveyden-avaimet

8 https://www.martat.fi/tapahtumat/

業。儘管佩卡醫師的倡議直到一九八〇年代仍被批評，因為影響牛奶產業賣奶油的收入。但之後，牛奶產業開始生產低脂肪牛奶與蔬菜油等相對比較健康的食材。隨風氣轉變，業者看到民眾受到宣導影響，於是轉向開發低油、低鹽、高纖食品。

同時，當時民眾吃蔬菜少，將沙拉帶到餐桌也是大轉變。當地婦女調整提供更多蔬菜沙拉，也是因為配合菜園子生產，但餐廳還未大量供應蔬菜沙拉。之後，芬蘭與全國性各勞工組織討論，鼓勵各家公司在午餐時段提供蔬菜沙拉，且不需另外收費。

從各方找靈感推動

一九八三年佩卡醫師休假去美國遇見 Everett Rogers，一位史丹佛大學「創新傳播」理論的發明者。他的理論是：在創新過程中，社會上有些人就是特別有影響力，且這些人不一定是政治人物。

於是佩卡醫師開始物色每個社區的意見領袖，邀請他們參加討論會，提供很健康可口的飲食。告訴他們這些對降低疾病風險的重要，請他們不需要做額外的努力，就在每日例行工作生活中推廣這些想法，影響鄰居、餐飲店與商店。這樣逐村做，後來找出千位意見領袖，持續做，產生很大幫助。

一九八七年前後，芬蘭東部地方首長與總統 Urho Kaleva Kekkonen 熟識，認為佩卡醫師要推動工作最好投入政治，之後佩卡醫師順利成為代表東部的國會議員，並在世界衛生組織擔任慢性病防治主管、癌症防治主管，與世界心臟協會主管，串連一百多個國際公衛組織合作。後來再被邀請回芬蘭主持國衛院[9]擔任首任執行長，然後又代表赫爾辛基擔任國會議員。

佩卡醫師自認為這些不是從政生涯，而是用科學為社會推動好事的過程。他強調，「全球七成死亡來自慢性病，看我們要如何防治」？

9 https://thl.fi/etusivu

隨計畫成效出現，芬蘭東部的心臟病預防計畫得到美國心臟研究組織和美國國衛院NIH的支持，經過二十五年有成。主要致病因子大量減少，成功降低當地勞動人口八成心血管疾病盛行率（想想這種族群的多層面社會影響）。

佩卡醫師回顧芬蘭東部經驗說，「影響健康確實不只血壓、膽固醇、抽菸這三項，但非常清楚這三項有關鍵影響」。其實Marti Karvonen教授還有研究，幾個精神病房選擇新飲食菜單，如大豆蔬菜油替代奶油後，對照沒有改變的病房，六年後看到明顯的差別，膽固醇低、心臟病罹病率低。儘管過程中也受批評，但證據明確。

如今這計畫的經驗，仍然受邀在世界心臟專業期刊繼續不斷翻新改寫省思分析研究。有美國民眾問，「Pekka這麼有名的人怎麼美國人少聽說」？曾協助佩卡醫師執行計畫，後來一起投入世界衛生組織的心臟疾病預防研究專家Henry Blachburn說，「懂得的人都知道他」。（專業領域對社會公益很有貢獻的人在北歐媒體非常重視介紹給大眾。在資本主義國家未必如此）。

不要忽略歷史背景

晚近許多新進國際慢性病專家說，「佩卡醫師計畫能成功因為芬蘭有錢，有各種賺大錢的產業，人又友善容易合作」。佩卡醫師說，「事實不然，芬蘭有芬蘭的阻力，那些農民抽菸，自己製造奶油吃，不要去診所，懷疑醫師要做什麼……」。

尤其要考慮，當年二戰後芬蘭連電都沒有，還有經歷五年被戰爭摧毀的設施要復原。此地還是芬蘭東部最接近俄國邊界的地方，多麼落後缺乏資源，是十八萬以農為主的民眾居住區域。結核病在戰前就已經很普遍，戰後也是。後來隨經濟改善，結核病少了，新的流行病來了，心血管疾病、中風、癌症。直到一九七〇年，戰後二十多年，當地仍然非常貧困，「採取深入基層的多層次介入轉變公共衛生處境，才是對付疾病成功的主要因子」。

佩卡醫師回顧，如今世界上許多預防研究很好，但從實際面到改變問題還是有些鴻溝，原因在於找出事實證據後，後續行動計畫與策略到底是什麼？芬蘭東部計畫的啟發是，公衛工作必須走入群眾，不是只印發單張！要發展支持系統。至於各國推動社區預防各有優勢與弱勢因素，美國相對更有錢，但是社區凝聚力不如芬蘭，芬蘭的社會互信尊重科學，也是優勢。

從佩卡醫師幼年故事認識他

筆者第一次知道佩卡醫師，是因為在芬蘭公共電視 YLE 見習，看到綜藝節目益智猜謎謎題是他。當時驚訝，這是怎樣的國家，居然使用對社會有重大貢獻人物的名字來當綜藝節目猜謎題目！太嚴肅？可是後來知道，芬蘭非常重視社會教育，使用大眾媒體於新聞、節目、特別節目推廣民眾健康識能。

二十年來芬蘭公視主管 Saija Uski 也常對筆者說，「這就是我們公視存在的原因」！

二〇二三年在芬蘭一個圖書館老人健腦活動結束與人聊天，筆者一說「Pekka Puska」，許多老人忽然眼睛亮了一起回頭看筆者。原來，這是社會健康促進歷史的共同榮耀記憶。

佩卡醫師不僅因預防推廣聞名世界，另一廣傳故事是關於他如何長大。幼年故事使他成為一首芬蘭廣傳詩歌 Kirkossa (Tuli kirkkoon mies ja lapsi)[10] 的主角。歌名《男人和孩子來到教堂裡》被翻唱十多種版本，包含西貝流士音樂學院與歌唱家用不同方式表達，總是感動人，讓人聯想自己的人生與曾得到的安慰。

10 https://www.youtube.com/watch?v=aVUvCIEo66I

幼年的 Pekka Puska 就是在這樣多人又正在聚會的芬蘭教堂場景下希望爸爸帶他回家。

歌詞：

教堂裡的小孩累了
說爸爸我想回家休息……
一個男人和一個孩子來到教堂
他們坐在我前面
我想對一個小傢伙來說這條路很長
捲髮潮濕
沒有太多的沉默時刻

那是那個小傢伙
有很多質疑
還有很多值得一看的地方
有美麗的祭壇碎片
多支蠟燭
兩人小聲說話
有時他們微笑

佈道持續了很長時間
孩子坐著思考
用最小的柔軟的手指
撫摸父親的袖子
我希望爸爸已經回家了
父親 我很累
他抬起一張小臉
嘴唇顫抖

他們在講道中途離開
我留到了最後
同樣安靜膽怯的請求
從你內心深處升起
我希望爸爸已經回家了
父親 我很累
教堂裡響起感恩的讚歌
外面是綠色的

佩卡醫師經驗到的爸爸，影響他如何對待人，以及如何設計健康促進預防政策。

詩歌的故事是他四歲與父親走路到教堂做禮拜，他聽不懂冗長的牧師講道，他累了，想回家。儘管聚會一半，眾目睽睽，他爸爸抱起他離開教堂使他得放鬆就在爸爸懷裡睡著了。坐在父子後排的作家寫成詩歌。如今他快八十歲，主責全世界老年健康政策。

他說，「小孩到老人，沒有心理健康就沒有健康」！「爸爸在我身上做的，示範了很深的愛、很大的仁慈、理解和支持（love, very kind, understanding and supportive）。但給孩子獨立自主的機會，讓孩子享有自己，我也這樣對我的孩子」。

「當我孩子的同學知道我是很有名的醫學預防專家，總是問，『你爸爸是否限制你們吃什麼、不准吃什麼』這類。但實際上孩子們感受的我，對他們也是愛、仁慈、理解、支持、尊重（小孩的）自主」。

「但是我會繼續倡議！我去孩子學校看到販賣機賣不健康食物，我找校長問為什麼？

校長說，『孩子喜歡、快樂，有點收入』。我說，『學校不該是糖果店，而是教育場所』」。

「隔年秋天，兒子有天回家很高興的說，『爸爸您該很高興，因為所有糖果販賣機都移走了』。我說這真是好消息！那你高興什麼呢？孩子說，『因為所有同學說就是因為你爸爸的建議』」！

後來他成為健康促進推手，鼓勵吃蔬菜，菜農高興。減量吃奶油，酪農不太高興。在爭議中繼續推廣戒菸與戒酒，雖然社交媒體有不滿意的人批評，但他不為所懼。

有次他搭電車要下車，門不打開，司機叫他到前面來！他認為自己有買票，還有問題嗎？司機說，「我看到你在電視說的，我決定戒菸」！從褲子口袋拿出菸盒，「你與我一起揉掉這香菸盒好嗎」？然後他按鈕打開電車門讓他下車。

預防政策好，但不一定人人都做得到。健康促進推動已經帶給芬蘭非常廣泛的健康理解，因為愛、仁慈、理解、支持、尊重自主。[11]

或許我們可以一起思考：

Pekka 在類似這樣的芬蘭電車遇見想戒菸的駕駛希望談話而被呼叫不要下車。

佩卡醫師分享的幾個從爸爸來的經驗而省思：預防決策者、醫院主管、醫事人員、家長、同事……，若我們有「love, very kind, understanding, supportive but respect their independence and enjoy life」來面對服務對象、長照照專、居督、個管……，以及所照顧的人與家屬，我們會用何種態度面對人？如何聽？該做什麼？如何做？為什麼？我們希望別人如何對待我們？我們如何用一樣的想法對待別人？[12]

11 可能因文化差異，筆者不很瞭解許多芬蘭人，包含老年男人女人，為什麼唱這歌會不斷哭？這歌也在許多告別式被採用，包含佩卡醫師父親的告別式，這首歌也安慰許多人，筆者還在學習理解芬蘭人的感動。

12 佩卡醫師主導的經典健促計畫相關網址：

- Dr. Pekka Puska transformed Finland by convincing Finns to eat more whole plants and less saturated fat. The Finnish Town That Went On A Diet: https://www.theatlantic.com/health/archive/2015/04/finlands-radical-heart-health-transformation/389766/
- The North Karelia Project in Finland: A societal shift favouring healthy lifestyles https://www.inspq.qc.ca/en/publications/1624
- The North Karelia Project: Cardiovascular disease prevention in Finland https://www.semanticscholar.org/paper/The-North-Karelia-Project%3A-Cardiovascular-disease-Vartiainen/9dc5d480409c6dc9c1c608335b85221d7631338
- North Karelia Project – An unrepeatable success story in public health https://www2.helsinki.fi/ru/node/53396
- Finland's Bold Push to Change the Heart Health of a Nation https://knowablemagazine.org/content/article/health-disease/2018/finlands-bold-push-change-heart-health-nation

1.5 奧地利古德魯老師「老化與照顧預備」的態度教育

導讀引言

如何幫助在學校、將來可能參與職業性照顧服務，或因超高齡社會來臨會面對家中長者的年輕人更理解長者？尤其失智長者。奧地利維也納聖心中學的老師也是修女的古德魯（Gudrun Schellner），用提問啟發方式引導同學想像自己若是長者會如何面對生活，有別於旁觀方式的同理學習。古修女主責維也納失智友善示範行政區中的失智友善學校教育計畫，多年在義大利與奧地利機構服務。直到如今，每天一早五點到機構幫近百歲失智修女洗澡後才到學校上班。

地點：中正大學高齡所

討論省思老化，不先談別人變老，先想想自己。先從技巧與態度的差別開始思考，技巧透過練習獲得，態度是內在的習慣，沒有人告訴你做什麼。例如我看起來嚴肅但不表示生氣，不是從技巧學來而是一路受各種影響養成。

態度是內在動機。我希望關注人，希望待人友善，想要與人溝通，然後我才學習達到目的的技巧。我想觀察他的需要，所以我調整角度到床邊以便能這樣做。

若我們順利，可以活到老。到底什麼對我們重要？

古修女在中正大學高齡所以同理引導研究生思考照顧服務品質。

【練習】

想想，「我們五十歲，我希望怎樣看待自己的生活」？請大家寫下自己的看法。「以我這樣的人格特質，我希望我五十歲是什麼樣子」？

【同學回應摘要】

「想要成為比我年輕與年長的人都能相處的人」。

「我想繼續能與朋友外出用餐聊天」。

「我能做各種我想做的」。

「能自在生活」。

……

從以上大家講的，有些是技巧，但很多是態度與情緒。

現在繼續思考，「你不能再獨立生活，還有記憶與思考力。你知道半年後去住機構，寫下四個省思」：

一 「當我搬去機構，我想帶哪些東西去？兩到五種東西。我不能把整個老家都搬去，但想搬去什麼」？

二 「我喜歡什麼音樂」？

三 「我的睡眠習慣如何？早晚起？什麼枕頭……」

四 「我不喜歡什麼？很難接受的。例如我不希望人家催我……」

古修女提出幾個問題鼓勵研究生思考如果是自己入住機構，會希望如何被對待。

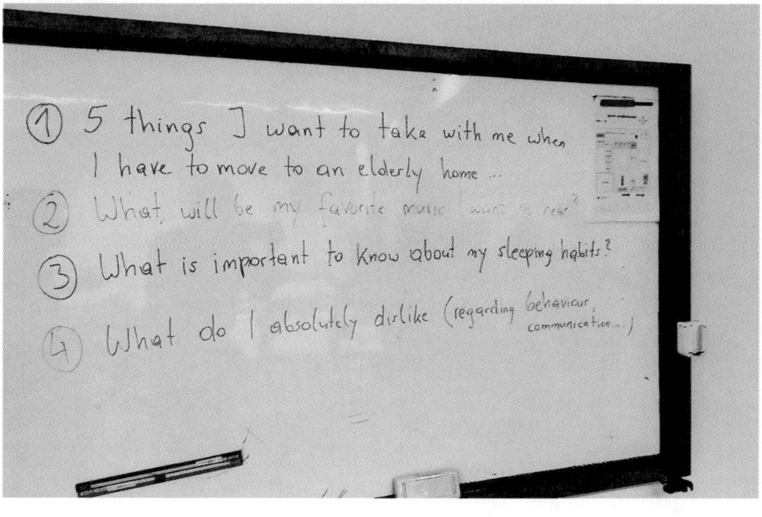
① 5 things I want to take with me when I have to move to an elderly home ...
② What will be my favorite music I want to hear?
③ What is important to know about my sleeping habits?
④ What do I absolutely dislike (regarding behaviour, communication ...)

接下來，「請把想搬到機構的五種物件寫到黑板，不要寫句子，就是寫簡要的項目。如果有相似的寫在一旁，這樣容易統計和看清楚到底有多少不同項目」。

【同學答案摘要】

一 日記，容易。照相機，要我還能用。照片，很重要。鋼琴，得有空間。我想帶些東西，我希望自主。花，也許塑膠的，也許親戚偶而帶來。音響，得單獨住一間。（許多東西要看你還有的功能，而影響你能享有否？筆者在維也納做相似的練習，結果相似）。

二 這些音樂你現在聽嗎？想想看五十歲時的景況。

三 舒適的溫度，很重要。我與同房間的感受不同。他覺得冷，我覺得熱。他要關窗，我要開窗。

想想看以上種種，你可能失去一些自由，因為環境和室友都改變，這些影響我們生活的感受。

你希望與人相處有安全感、有意義，被理解，而不是只是一些人命令你。有時候在奧地利因為安全要限制人的行動，護理師也緊張，因為不知道約束後，住民會怎樣？會努力逃跑？人人想自己決定自己的生活。

現在你開始想想周圍的老人。他們有什麼轉變？也許動作慢了，也許有新的習慣。有的人拿湯匙就口的角度變了，他們忘記或無法照該有的角度進食。

你不會與人分享所有自己的生活，你會選擇性的與信任的人分享，但老人住機構沒太多選擇。他們進住時會被問很多背景問題，如你住哪裡？以前做什麼工作……？有些時候親屬協助回應。

讓我們想想生活史，常常我們想要收集多、瞭解多，事實不然。我只知道我祖父的戰爭經驗，影響他如何成為現在。他有很多生活面資訊，但他總是分享戰爭時的生活。

到底對人，生活史中什麼最優先重要？

我來自聖方濟會，有位修女九十三歲，動作慢慢的，但意識很清楚。我問她有什麼人生在意的？她說有件事她永不忘記。想讀護理，但別人攔阻，說妳有別的責任，導致她差一年就畢業，她當時沒得選擇，這改變了她的人生。她已經九十三歲，倒沒有因這事生氣，但這事仍記在她人生旅程中。

人人在不同社會化差異下面對生活，有個人在意的經歷與期待，而這些構成生活史。其中有些對他很重要，卻未必想分享給別人。人需要感覺信任，才能分享更多他在意的。能與人分享，感覺自己被接納。

接下來看看人失智。失智是粗略的描述，種類很多。失智者的生活史是片斷的，如同圖書館有些書架空了。有的可以連續，有的不同，一些物件照片可以啟動連結。身為服務提供者，如何因應這些？當我們在機構看到人帶些東西來住，一開始我們不明白這對他們的意義，快速的觀察看能意識到什麼？可能問這照片是誰？寵物對您重要？我們設法去感覺一個人的感受。

搬到機構，所有的物件及社會心理環境影響他們的行為。老人思考變慢，有些環境元素造成混亂。同學有人寫下要帶鑰匙進來，這表示想自主，可是現實可能不是這樣。很多環境景觀與家不同，營造不安全感。

我記得昨天跟朋友一起走在捷運站，我的車票卡發生問題，朋友先過閘門走了，我知道他會回來找我。當時我看不懂一切，對朋友這是兩分鐘，對我是一小時。我知道我不笨，但我無法通過閘門，我感覺不安全，後面有人排隊催。

老人也是這樣，常可能有導致不安全的因素。我請大家寫帶五件東西，因為空間和能力轉變，我得妥協。只能帶少數熟悉的東西，甚至無法都按照自己的意思選擇。請大家想想這些變動對一個人感受的影響。如果我們瞭解一個人，服務容易一點。若不太瞭解，進行服務難一點。

要知道我們服務人，我們不是只是一直付出，而是會得到很多。

我在彰化遇見一位住過德國的老人。他已經不太說話。互動後我請他寫下名字。他寫下名字，還寫「再見」、「謝謝」，並且打個重重的驚嘆號，這對我而言是收到的最大禮物。因為他表達了再次感受到用德語溝通互動，瞭解我的來訪覺得快樂。

這表示別人不是不能給我們什麼，他們用不同的方式給我們。我們必須要很專注的瞭解這點，我們也得到尊重，再見、謝謝……。不然我們只是以為我們一直在付出，我們很容易枯竭，服務從來不是單向的。

當人外出，人可能感到不安。相對的，有些人退縮不出去，一直坐著，可能失去自我存在感。我們想想，老了會怎樣？你想想幾十年後變老，你想的二十年，老人想的是

古修女遇見臺灣安養機構會德文卻很少有人互動的老人，經過誠懇交談，平時看來失語、動作緩慢難以互動的老人開始寫德文的「謝謝」，還打個驚嘆號。

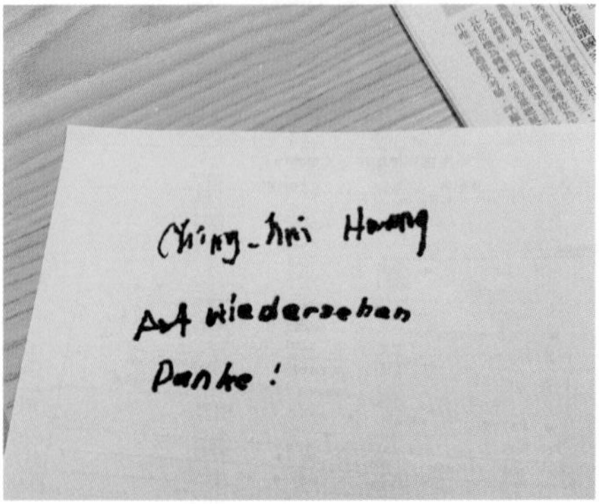

更多年。身心改變，我們步調變慢、味覺改變，我們如何預備餐食？我們混合食材，結果盤中各樣食材顏色都變成棕色的。我們說這是好營養的美食，他們也許不認為，因為感覺不是。我們說衛生重要，他們可能不覺得，這還不包含個人飲食習慣。以上這些都造成人無安全感、不舒服，連上洗手間也是要等別人來協助。

若服務提供者友善，老人感覺好些。老人皮膚乾，一天要擦兩次乳液，這是身體的需要，誰去執行？有特定時間去？老人還有視覺，他們看得到。皮膚看得到，而不是只看到衣服。

以上這些身體老化我們看得到，可是還有內心的我們看不到。他們變慢不表示變笨，他們需要調適。對年輕人轉換容易，隨時宣布下課就下課等等。但老人不是，可能要先提醒，多少分鐘後我們會下課，然後我們進行現在的活動。他們可能專注時間短或可能不能專注。我們有「流質智力」，他們有「晶質智力」。這可能他們有我們沒有，因為他們活那麼久。

許多人失去朋友，看到自己的有限、脆弱，需要幫助。希望同學記得，有三種基本需要，人人需要而不會忘記。

一 安全感。人可能感覺不安全，所以需要安全。不是身在這間房間且擁有一張靠背的椅子，你就安全。安全感是內在的，能繼續做自己。

二 允許老人表達自己的感覺不管生氣、快樂或別的感受。發現他們表達情緒背後的感受很重要，而不是「你太吵了」。

三 給老人一樣我們也希望的權利。使人覺得有用，而不是「我僅僅是別人的負擔」！

關於第一點安全感，要看服務提供者如何與服務使用者行為互動。這些是人人非常基本的需要，你也需要嗎？我們有各種需要，成就感、有伴……，老人也需要這些我們都需要的安全感，這樣使我們活著像人。

接下來我們探討失智，失智有四階段，這是迎向趨勢需要的素養。如何面對？就像先前說的，這不是技巧問題，而是預備好態度。奧地利用助產士照顧模式（Das mäeutische Pflege- und Betreuungsmodell)，我們不能一概而論，要釐清一些想法和減少錯誤。瞭解多，用得越恰當。

有時我們覺得此人沒有記憶，錯！你也會忘記事情。忘記不是問題，要注意，不斷忘記而干擾生活，如忘記名字而產生的困擾。現在我們來描述特性，也許此時您心裡有位人物圖像。

【失智第一階段】

人開始感到不安。當失智者感到不安，而外顯僵硬專注一個方向前進。你和他講話，他可能沒理你，這可能造成服務提供者困擾。因為失智者感到不安全，所以他們想要自己的空間。我有位機構住民修女前輩，她一生喜歡年輕人。失智後有兩位年輕人照顧她、接近她，她就把他們推開，只要找自己要的。我們後來瞭解，不是住民討厭服務提供者，而是住民感覺不安的表現。如果有些東西他感覺有安全感，不要拿走，即使包包裡是空的。

我們看到他的外表，看不到內在。他們感覺不安，想要掩飾。他們說自己不笨，想自己掌握生活，不要別人管。「你需要洗澡」？「不，我已經洗過」。「床髒」，「啊！那是天花板有東西掉下來」。這時很重要的，千萬不要罵他們。

我爸爸失智，他要我唸牆上德文給他聽。他說他沒有眼鏡，我拿給他。他看了，轉個方向，「我明天讀給你聽」。這樣很好，沒有人罵他。

有位老太太看到天花板有猴子，在笑。我們可能笑她，我們可以一起談，享受分享時光。這樣，我們可以繼續談話，我們要專心照顧和與他們互動，不要罵她。

這個階段會表達什麼都不好，都抱怨。「有人拿我東西」、「我的鞋子不見了」……，世界每件事都不好。服務提供者要有瞭解，我們就聚焦那些一生中到現在各種好的事情，我們要轉變聚焦。

一開始我也不知道我爸在說什麼，可是不要罵他、糾正他。這個階段可以過得好。我們可以學習問問題，用適切的方式問。問他的感覺，不問他為什麼，因為難以回答。

不要論斷他的行為表現，有人說要去看死去的先生，不要說強迫他們的話，他們後來可能無法承受。不要騙他們，例如說「等一下您的先生會來」。說事實，他們接不接受，不是你的工作責任，但至少沒有人批評他們，仍然維持好的互動關係。

【失智第二階段】

失落的自己。這不表示沒有自我，而是不太分辨自己狀況而失去一些語句文字。通常人知道要去哪裡會往那裡去，但這階段可能失去方向而一直到處走。第一階段直直向前有方向，第二階段可能不斷四處走，他們瞭解但難以清楚表達，所以眼神四處飄，專注更難。臉部不太能表達情感，包含快樂、生氣、憂愁……，你看他平靜，也許不真的平靜。

這是可以接近他的時機了，他們可能不把你推開了，也許可以給些符號讓他們連結生活。這階段他可能難以用辭彙表達自己的感受，我們要預備辭彙講出來引導他們。

身為服務提供者可能要問失智者，「您在生氣嗎」？「您餓嗎」？即使看到他在笑，我們可以問他「您很高興嗎」？「什麼事讓您快樂呢？是家人嗎」？我只要看到正面的反應或甚至中性的反應就把握機會問，至少快樂比生氣好。

但一次不要好幾個問題，一次一個問題等他回應，這樣我比較抓得到這人內心怎麼想和感受。即使這失智者難以表達字詞，他感受到被接納。無論如何，要幫助失智者感到不安全時得到安全。

【失智第三階段】

他們把自己隱藏。但他們仍有人格個性，他們不再到處移動，他們在自己的世界裡轉。他們對周圍的人與事不再很有興趣，眼睛有時不太張開，好像睡覺，其實不一定。服務提供者可以做的是接近他們，用平等眼光看待，給他們友善感受。也許今天眼神比較亮，我們設法與他們互動。也許得到反應或沒有，有，也許短暫。這時音樂很重要，給些引導讓他們感受。

【失智第四階段】

沉下去的我。常一直坐著瞇著眼，或縮在那裡，活在自己的世界。服務提供者未必都要叫醒他，但至少我們要服務他時，要把他叫回我們的世界。如果要幫助他吃飯或清潔，這些是在我們的世界，我們如何走近他的世界喚醒他，但不嚇到、威脅到他。「我看你需要吃飯了……」給他工具，讓他可以進食。用微

古修女耐心的用各種方式嘗試與會德文的衰弱長者溝通。一旁服務提供者們見證了其實這位長者很有活力，只是需要正確的互動方式。

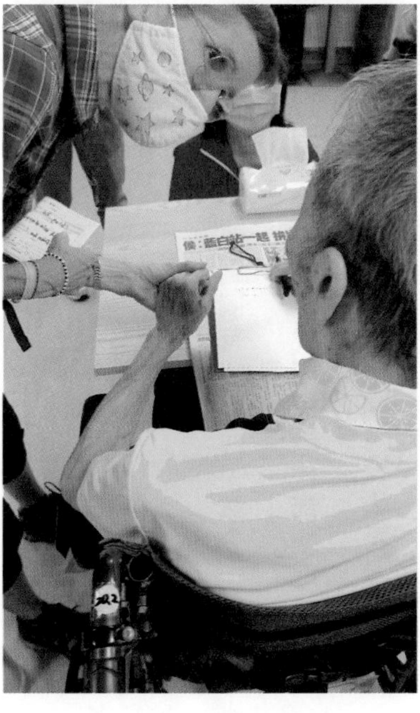

笑、握手、飲料當啟動與他互動的誘因，以便我們順利執行服務。

以上四階段未必人人照時間推移順序進展，人人不同。服務提供者要瞭解失智者在哪個階段，還有哪些接觸的方式。

我們與他們要肢體眼神同高度溝通，不要從背後拿他們擁有的東西，減少一切壓力源。要讓失智者覺得我們在他面前，他得到所有的注意，希望我們這一代都能理解這些相處道理。若我們希望積極支持人，我們與他同一步調，不前不後，設法表現與他同在。表達「我願意花時間給你」的態度，問他問題，讓他感覺他是重要的。這回到今天一開始我們說的態度，這不是學技巧的問題，而是技巧背後的態度，更幫助我們展現友善專注於他的態度。你問候他，也許他沒回答很多，但他微笑，這樣也好。

【下課前練習】

現在想想，今天你學到什麼？寫下五個洞見。我沒用寫下五個聽到的「內容」，而是洞見。（尾聲：這堂課後古修女建議後續任課的老師可以同學寫出的洞見，當成發展幫助高齡者學習和長照服務設計的線索）。

1.6 「以人為本」融入居護教育再思

導讀引言

急性醫療救命要緊，服務提供者要多同理。以前就有醫師用聽診器前還會先磨擦一下，避免病人突然接觸到冰冷的聽診器而感覺好涼，這是個例子。長期照顧服務現場的服務流程，與醫院的急性醫療有相似也有許多不同。當社區照顧負荷與複雜性越來越高，需要照顧的人數增加，則居家護理面對的挑戰需要更完備的「以人為本」理念來支持順利執行。政府理解重要而支持研發教學，可是如何將理念內化轉成調整服務使之更有品質？

參與政府開創更具全人照顧色彩的新一代居家護理在職教育發展。本計畫經費相對寬裕，重點在提案者要超越僅是聚焦疾病和身體器官照顧，能夠實質從患者身心、生活處境全盤考量，發揮以人為本的理念，並融入與時俱進的照顧科技和教學法。最終希望各申請單位善用長才，成為特定服務主題專長的地方學習中心，嘉惠區域同業，進而提升服務品質與內涵。

同一時間，外島有一燙傷病患在本島醫學中心由醫師評估認為完成清創，轉回外島，只要後續換藥等照顧。不料患者返回外島，去找護理師，護理師說不會處理這種傷口。這使筆者想到，沒有誰什麼都會，說不會也是謙卑保護病患。可是如果常常說不會，有點可惜。可以學，只要有機會。但這背後恐怕還得先有一個清楚明確的態度，就是認同投入這個工作是為了服務幫助人，並且幫助的有品質。

這就牽涉到政策計畫對上述教學專案所有提案的本意，也是希望本於服務的心，進而願意多層次角度考量照顧互動，如何提供完整的服務，對應來設計所有教案和操作方式。

反之，如果此政策計畫案仍然是聚焦純技術與純衛材選擇，可能與非本計畫案的一般教學差異有限了。尤其是許多民眾長期處於共病且居住社區各有特性，政策期待的全人和以人為本更顯重要，不只患者安全、幸福感，同時影響醫療支出等社會成本。

於思考以上問題時，幸遇老前輩信義神學院俞繼斌退休院長來教會講道。他提到根據《聖經》舊約與新約的歷史背景看奴僕、僕人的服務角色與價值，指出耶穌為門徒洗腳等所做與教導，將服務提供者的價值升高了。最大的服務其他人的僕人式領導，而且倡議其觀念是彼此相互服務。

稍後，他說基督教的服務包含幫助別人，使人保有尊貴，而服務使用者不只在使用服務的過程得到尊貴，服務提供者還支持服務使用者產生能力去服務別人，包含服務原來服務他的人，於是有種平等相待、相互分享，使人人都恢復身為人本有的形象。

這點和同一時間在臺講習的一位奧地利修女提醒相似，服務提供者要理解服務是雙向互相給予的過程，而不是一方一直給、一方一直伸手。如果認知是後者，則服務提供者很容易耗能殆盡。若是前者，才能喜樂服務，有能量面對挑戰和排除困難。事實上，服務使用者因共病衰老而能力不一，但人人都有很多潛力可以「啟動」。服務提供者的職責包含啟動，啟動是相信對方有能力，和不知對方有無能力的「鼓勵」不同！

以上兩位先進的看法對比護理或長照服務可見，以下四個層次的照顧服務動機觀點。

一、服務可能是為了服務提供者的利益，而對服務使用者採取對價關係，或者為榮耀服務提供者本身。

二、有些服務提供者對職責認知是專注疾病改善、有些服務提供者能認知這是整體的人，要多角度思考影響問題的因子才能執行有效照顧。

三、服務提供者會考慮患者不只有病、有傷，並且有生活期待。要考慮排除疾病或維持疾病不惡化，得同時想到疾病影響服務使用者的身心與生活，該怎麼共同討論最適切方案。

四 服務提供者的認知是透過技術與知識加上互動態度，不僅彰顯服務使用者尊貴，而且促成服務使用者展現能力去幫助別人。

這和荷蘭「社會臨在理論」(Social Presence Theory) 學者 Baart 的七種服務層次和德、奧等國沿用的「助產士」(Mäeutik) 長照模式都有異曲同工之妙。

第三項是前述政策計畫和一般時下慢性病照顧的專業期待，而第四項與第三項又有不同的層次，因為第三項維護尊貴後也可能是使服務使用者生活自理，未必觸及用新的能力展現於幫助別人。

可是第四項發展的更遠，涵蓋與他人的關係。根據晚近北歐挪威等國的服務理念，服務提供者可以創造第四項的社會心理環境，並從最終願景將知識、技術的服務互動過程調整。這就對應相關主題教育訓練的設計，如何有這樣的氛圍和服務互動。自然不太可能設計教案的課程主題、進行的學習方式、實習方式都僅圍繞最基本生理相關專業素養，尤其不可少的是如何溝通。

走向這樣學習設計理念的訓練計畫，指導者與學員不僅單向聽講、看影片、實習技術，宜把學員當成成年人有工作經驗、學以致用期待，有工作時間與上課的兩難，都可由指導者與學員討論降低干擾，提供必要的彈性，而不是學習者全部來配合學習提供者。這樣，學員更容易體會以人為本。

還要有非常多反思設計，讓學員有機會從行動經驗整合在職經驗，還有講求規則確保效果的相互學習過程，充分考量學員學習感受和誘發學習觀點。以致學員能

♥ 以人為本顧念的不僅服務使用者還有服務提供者，芬蘭安養機構排班請大家以什麼時候想上班而不是什麼時候想休假來協調。

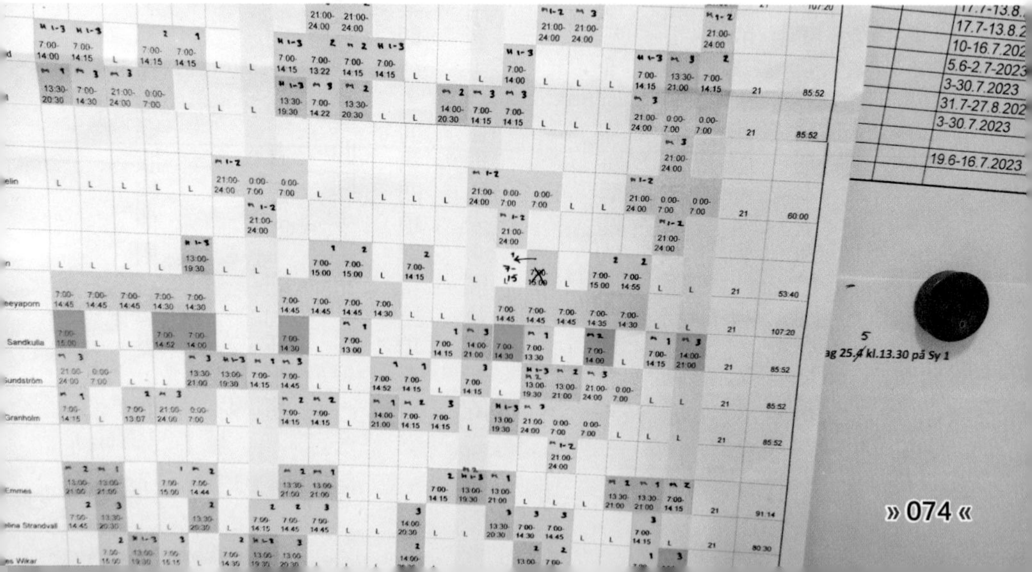

獨立思考，用明確的服務理念看待每項技術與知識如何組合運用，保持全人照顧一貫性和全程以人為本的意涵。

這個過程最好包含一些書寫學習，這樣有助學員未來思維能力培養，以及用專業語言表達看法與其他人溝通可更流暢。

即使教案已經涵蓋要先評估，且含環境與個人。最好能看到教學設計中學員的學習不是切割的，而是真的有一貫考慮而反思運用知識與技能。

由以上討論再看那外島說不會處理傷口的護理師，如何鼓勵其能學習？有學習意願和能力？如果工作忙碌，則指導者恐怕不只教技術與知識，還要同步顧念學員，用討論理解學員如何可能「全人」調整，才能開始學習，然後一路走在指導者預備方向。

也許有些提案者認為，將技術與知識學習擴展涵蓋到人文層面不容易。但若認同人的健康牽涉多層面，而服務本質有其完整性，則或可集思廣益，檢視到底哪些知識和技術傳授各有時間場地限制，如何調整？又有哪些理想其實實際不會加重太多時間場地負荷，而有彈性？再加上新一代的學習科技資源，有哪些學習反倒更保有人文素養承載技術與知識學習的空間？

技術可以不斷變動，可透過重複學習養成。但態度在內心，是長久累積，表現一種對服務的理解、立場，也就是價值。如果每個教案預算都上達數百萬，真的沒有教「心」的空間與時間？若心無鋪陳和無充分有效反思轉換觀點看技術、知識，又如何能有最考量服務使用者安全與幸福感的創意？

所以，若原來提案主題為傷口照顧，除了介紹敷料、認識等級，還應有什麼？如何透過多個主題，清楚引導學員根據服務使用者的情形，而援引整合為服務，並且知道原因是什麼？這教學設計思維可類比想到呼吸照顧、安寧照顧、中風復健、足部照顧等多樣主題。另外是，實習如果都是模擬，如何降低因為非真實現場而不容易練習的溝通互動部分？

有些教學法認為，溝通互動品質更重於只是把事做完。以本計畫來說，有無可能盤

以人為本能影響產品設計思維，芬蘭老人為能最大程度獨立自主安全出門，開發這種助步滑行車。

以人為本的芬蘭安養機構服務在設計表格時，讓服務提供者留意所有住民每週都要得到個別化的三十分鐘活動時間，並讓住民感覺被看見、被聽見。

點課程進行期間，在教研地點附近有多少正在照顧的真實客戶可為學習資源？可能協調讓學員更多機會最真實練習。

當然，練習前如何預備？如何細部設計？如何面對服務使用者的每個過程？練習後，引導者如何設計反思和交互反思？引導者的責任與分際是什麼？都可設計。最後是關於評估，許多時下課程是評估上課滿意度，若換為從業滿意度（有些指標）和學習後提升能力評鑑，是否更務實接近本計畫目的？

俞院長分享一個故事鼓勵服務提供者。他說許多年前，澎湖有位護理師白寶珠專門照顧痲瘋病人。當時，特別規劃就診動線使患者避免有社會壓力。有次他去拜訪白寶珠，白護理師分享，發現在地人文風俗不接受痲瘋病者土葬，這對還活著的痲瘋病人就診意願與情緒就可能產生影響。

為了幫助患者安心就醫，她同步花很多心思走訪社區衛教，後來那些鄉親才轉變態度。她的態度與信仰產生的力量，影響鄉親的立場與態度。

鄉親增能了，患者為人的尊貴也展現了。患者願意接受上藥和自我保健，來自這個過程，而不只是白寶珠接受數十位醫師每位一小時的認識皮膚、認識感染等單元學習以及如何換藥。

心，是帶動技術與資源發揮功能的火車頭。相似的例子是另一位專治痲瘋病的醫師畢嘉士。他臨終前分享的最後一個故事，是挪威許多酒醉者得到政府補助生活費，但卻還是買酒無法自拔。

在臺灣幫助許多痲瘋病和小兒麻痺者恢復尊嚴的畢嘉士醫師在過世前分享自己倚靠上帝給他夠用的恩典執行「該做的工作」，以文中故事分享以人為本和創意服務。

畢醫師將臺灣許多小兒麻痺患者站不起來在地上爬，甚至被遺棄的照片給酒醉者們看，鼓勵他們把買酒的基本生活費自願有些用來幫助遠方小孩。後來酒醉者感動而轉換想法，不但使臺灣

以人為本的想法讓芬蘭教會義賣商店特別找個適合動線的位置，為失智會友設計專屬社會參與活動。每天看到大門來往的人，計算顧客數量和旋轉輪盤得獎品遊戲。

許多患者能開刀買支架站起來成為人的樣式，進而可以行動讀書貢獻社會。

這些酒醉者看到自己的價值，很多人也不再繼續拿生活費去買酒。這個故事使兩種無助無望的人的尊貴都被舉起！

除了這些古早故事，晚近在臺灣中部，一個大傷口處理一年不好的社區護理個案也可見，真的不是只需學認識皮膚和敷料等。

居家護理、機構護理都脫離不了社會情境與服務使用者個人特性。如果一個補助創新計畫的資源提供者，有非常清楚的公共衛生專業理解，則技術與知識課程必須嫁接連貫人文理念是很正常的。

無論護理師在校養成過程如何，大致也都會認同這種學理。如果人文素養、主題知識與技術、適當有效以學員為本的學習能與時俱進考慮時代處遇，甚至學員個人長才而設計，才可能吸引更多同業看到護理的原汁原味如何覆蓋成全了人們的需要。

1.7

人性創新服務的由來——丹麥社區價值意識

導讀引言

本篇介紹一個丹麥機構的活動，但將內容歸為價值篇，因為活動千百種，在艱困條件下能夠發生，往往不取決於金錢，而是背後的價值觀。本活動的策動者 Thyge Enevoldsen 畢業於丹麥服侍善工學院，後來念神學。於疫情最艱困的時候，創造專門到安養機構唱歌的活動，有效支持孤單憂愁的住民和服務提供者創造佳話。這只是本於價值創造服務的縮影，使一個社區多人受惠。當國際間說丹麥是世界上的快樂國度，或許這些一般媒體較少呈現的真實生活，幫助我們更瞭解這個社會。

筆者好友丹麥牧師 Peter Buch 多年前常引導筆者參訪一些社區活動，包含身心障者的日常生活，如何和一般人一樣享有生活品質。當時他解釋，按著《聖經》的教導，我們不能坐視在一個社區自己快樂，別人卻活在痛苦中。這話印象深刻，這都漂亮話？有時也有朋友這樣質疑筆者的分享。但十多年後遇見 Thyge 牧師帶筆者去看一個活動，再次展現這類價值。

二〇二〇年冠狀病毒後，世界許多安養機構都要封閉隔離，越保守的機構，裡面住民越孤立。學理已經說明，孤獨會降低反應，造成情緒低落甚至死亡。所以隔離固然想降低疫情，長期隔絕也照樣可以帶來嚴重後果。

教會牧師為安養機構策劃的疫情期間戶外歌唱，後來應住民要求延續到疫情後繼續。

有人透過視訊突破隔離，但能有真人互動效果更好。Thyge看到教會附近一百零四位住民、一百六十五位工作人員的公立安養機構 skovhuset plejehjem 的困境，從教會籌組合唱團，每月兩次甚至三次跑到安養機構外面樓下的廣場，定期去唱歌、短講，丹麥文化裡有趣故事組成的歌曲與歌詞激勵住民。疫情期間受到歡迎，疫情後住民希望不要停止，所以直到二〇二三年年底還在繼續，快要一百次了。

疫情期間本來孤單的住民常常這樣到陽臺觀看教會組合唱團來唱歌，落實「愛你的鄰舍」這古老的《聖經》教導。

這種合唱團通常在教會集合練習，然後前往。成員包含一般會眾，也有失智但是會演奏樂器的會友。他們在樓下，只見各樓層陽臺都有住民紛紛由服務提供者推輪椅出來，住民許多是失智者。「誰唱得好不好聽不太重要，而是一起唱歌的感受」！有成員本來說自己不會唱，從小沒有這種能力，但也參加了。參加這合唱團使人從認為自己不能走出來，到像是得到自由一般！

疫情後，活動應邀繼續，參加唱歌的志工也更多。除了有些樓層住民繼續在陽臺，也有很多住民直接到一樓外面。活動開始，大家四面八方前來，甚至有附近社區的人騎著裝有車廂的單車，將其他失智者也載來一起參加。

Thyge 是牧師，並不是在這裡開佈道會，而是從心理、情感設計音樂，對話陪伴住民。活動的結構可以穿插一些有趣的短講，但最終一定要以帶給大家希望的言語和詩歌收尾。他相信，這形同一種與住民與上帝的禱告，如呼吸自然，把上帝的愛用行動展現帶給住民。

這個活動不僅機構住民受惠，服務提供者也受惠。因為一起參與，同一時段住民聚焦活動，服務提供者等於輕鬆一下，並有更多話題可以和住民交談。

參與分享音樂的教會會友，有人失智，仍可用演奏服務。其中有位男性長者的女兒平時也用音樂與他溝通，發現他可以創造新的歌曲。他喪偶八年，去年正與一位女性會友發展感情，受到家人的阻礙，因擔心老人失智無

與牧師一起於疫情時唱歌演奏的彈琴會友已經失智，但仍能出一己之力幫助住民。

法掌握財產。可是這種活動提供了一起享受時光的機會，要不要結婚過戶或許暫時不需要急著面對。大家一起來，個人弱點在這種活動不重要，女兒也參加這機構外的合唱團。

還有八十多歲的女醫師海力佳，自己騎單車來練唱演出。知道陪伴對衰弱者的重大影響，選擇這種方式提供支持住民。「這種活動對老人心理幫助很大。這會增加免疫能力」！而且是不需

這位八十多歲的女醫師海力佳來唱歌幫助住民心理健康，於聚會後快樂騎車回家。北歐各國近年計畫性的研發政策鼓勵老人用每天幫助別人的方法保持老年自我價值。

要花錢的防疫與健康促進！Thyge首次知道海力佳，是因為地方有精神障礙的人從小被父母放在機構多達十年受到不當對待。不可思議在丹麥這樣的國家，後來地方政府甚至設道歉日表示對類似遭遇的人致歉。

這位被長期孤立的人回到社區，本來這人被認為不能聽也不會表達，但對誰是好人非常敏感。直到海力佳用耐心、良善的態度去看他，他說知道海力佳是真正尊重他的人！Thyge說，「連那人都說海力佳是好人了，可見真是實實在在的好人」。[13]

還有一位來唱歌的麥克，八年前深陷藥癮、酒癮而被黑道利用當洗錢詐騙人頭，長期被威脅，每到麥克賺到錢的次日就來收費。後來由社區教會幫助改變生命，他明白自己不能靠自己成為一個好人，也不必追求是完美的人，而是承認自己的弱點，接受上帝的拯救，進入與上帝和與人新的關係。

當那些還在暗處的黑道又打電話來騷擾的時候，已經走向光明的他不再害怕，有創意的錄了答錄機「嗨！我是耶穌麥克」，讓黑道知道他的情形。後來終於脫離威脅，與

Thyge 一起關心社區其他被忽略或有困難的人。

有次冷天半夜在公園，教會的關懷隊看到一位不回家的少年。少年看到他們躲避，覺得以前得到教會的幫助使他感覺到自己是非常卑下的人。Thyge 想去關心，黑暗中那少年卻跑掉難追，倒是麥克跑更快追到，而且麥克去和那少年講話可以搭得上。後來一直追隨陪伴這少年到安全回家，少年轉過頭說，「謝謝你們願意繼續追上來」！麥克用過來人的語言，掌握關心這種人的鑰匙成了助人資源，不是牧師能達成的。麥克也成為社區裡去傾聽、去與人同在、關懷人的人，包含參加安養機構合唱團。Thyge 評論，「當你成為服務團體的一部分，也給你帶來喜樂」。尤其這服務沒有積功德的動機和壓力，而是生命改變後的自由。

13 https://www.berlingske.dk/politik/undskyldning-er-paa-vej-til-tidligere-anbragte-i-saerforsorgen

Thyge說[14]這正是像《聖經》說的，教會是一個肢體，彼此互相幫助支持分享，沒有誰可以說只有自己最重要。當社區有更多人有這種「負擔」，願意關心別人，就有更多人可以免於風險。

附近來自非洲、中東難民的新移民群居，由於散布各種危害人的物品的情形越來越嚴重，讓地方政府社政單位頭痛。聽聞英國有「街頭牧師」運動，透過傾聽、陪伴、關懷而幫助許多人，地方政府主動邀請Thyge一起協助，想嘗試英國做法。後來帶給社區許多社會制度不容易達成的平安與祝福。

Thyge認為，教會或學校舉辦許多查經講道理的活動很好，但最好給些實際機會讓大家去經驗真實的服務。例如每年丹麥各地學生聚集在教會，住在這裡幾天，與社區民眾穿印有「幫助者」字樣的制服，組成十個小隊直接到這個移民社區去幫助人。加速彼此理解、接納、開放，降低疑慮、成見、緊張，對防止新一代青少年犯罪和其他社會問題有很大幫助。

14 Thyge 指出的《聖經》來自新約哥林多前書十二章，原文如下：***12***基督就像一個身
體，有許多肢體；雖然身體有許多肢體，到底還是一個身體。***13***同樣，我們無論是猶
太人或希臘人，作奴隸的或自由的，都從同一位聖靈受洗，成了一個身體，而且共享
這一位聖靈。***14***身體不是只有一個肢體，而是由許多肢體構成的。***15***如果腳說：「我
不是手，所以不屬於身體」，它不能因此就不是身體的一部分。***16***如果耳朵說：「我
不是眼睛，所以不屬於身體」，它也不能因此就不是身體的一部分。***17***如果全身是眼
睛，怎麼能聽呢？如果全身是耳朵，怎麼能嗅呢？***18***然而，上帝按照自己的旨意把那
些不同的肢體都安置在人的身體上。***19***如果全身體只有一個肢體，怎麼能算是身體
呢？***20***其實，肢體有許多，身體卻只是一個。***21***所以，眼睛不能對手說：「我不需要
你」！頭也不能對腳說：「我用不著你」！***22***相反地，身體上那些似乎比較軟弱的
肢體，更是我們所不能缺少的。***23***在我們的身體上，那些看來不太重要的部分，卻是
我們所特別愛護的；那些不太好看的部分尤其為我們所關注，***24***那些比較美觀的部分
就不需要特別加以裝飾。上帝這樣安置我們身體的各部分，把更大的光榮分給那些比
較不美觀的肢體，***25***好使整個身體不至於分裂，各不同肢體能互相關懷。***26***一個肢體
受苦，所有的肢體就一同受苦；一個肢體得榮耀，所有的肢體就一同快樂。

這個過程也刺激年輕人真實的看到社會需要，重新思考自己的信仰和求知的意義，「這等於為『什麼是服侍善工』上了最好的一課」。社區民眾後來把這種服務日子當成社區一年最美好的一段時光，因為有這麼多善事四處發生。

我們在屋子等人來，要走近他們身邊更好。Thgye 引述《聖經》說，「我們像鹽可以調味可以防腐」。但在耶穌時代所講的鹽其實有很多細菌腐蝕，在一個屋子放久了會發酵腐敗失去味道和原本的功能，因為有毒，只能丟棄於路上任人踐踏。一群人在教會裡與社會分離也類似，「有時教會裡的人怕被世界污染，魔鬼很高興這樣大家都在教會裡。可是耶穌說的不是這樣，而是走進人群把祝福帶給別人。如果一群人聚在教會不出去，也可能彼此如那有雜質的鹽裡的菌彼此啃噬，起紛爭，不再是原來的功能」。

當然有些人的轉變需要時間，而不是按著服務提供者的期待成全自己。這可能有個假象打擊了服務提供者，如許多社工常遇見，被外界認為關懷是沒有結果的努力付出，不像造橋那麼具體有成就。可是看到麥克的例子，轉換生命用了八年，有時需要給些時間，總是讓上帝的恩典不是關在教會，而是四處傳播到人群當中。

1.8 省思時間銀行背後的價值觀

導讀引言

地方政府社政官員又在會議室為「時間銀行」開會，每隔一段時間就有民意代表提出這類構想，地方政府就不得不因應一下。通常不了了之，或者做個短期試行，最後轉成物品交換等等與原始提案精神已有距離的做法。這可以說是創新，也可以說考量在地特性。但是，原始想要透過時間銀行改善的問題有解了嗎？還是沒有！

地方政府推廣時間銀行，而且有中央補助。許多單位申請，並在公共圖書館舉行交流。細觀之，幾乎都與原始的時間銀行不太相近，倒是有許多組織申請經費做各種本來就在執行的方案，包含社區活動、物物交換、志工活動等，甚至還有跑到不熟悉鄰居的長輩慶生會去露臉，也要算時間換點數，和真正緩解照顧人力與壓力有關者很有限。世界上有三十幾個國家有時間銀行故事，各有不同原因和目的。如聚焦緩解老化照顧，或許看看歐洲國家。

超高齡社會逐步來到，荷蘭統計道出歐洲老化國家相似處境。[15] 七十五歲以上人口大量增加（失能者增加、孤獨者增加、慢性病者增加）、老人的背景變化（如知識水準提高、流動性大、生活期待與價值觀不同、有更多花費）、照顧人力變少（醫護人員減少、醫護人員短缺速度加快、非正式服務提供者也減少、老人得互相照顧）、照顧性質發生變化（職業服務提供者以個體戶經營並以支持老人自我照顧為主、照顧科技影響成本也衝擊信任和照顧價值、遠距醫療帶來種種新利基與挑戰）、鄉村低教育程度與低收入長者變得更弱勢。

另有一項通常不會在趨勢分析提到，卻非常值得思考的是，太個人主義的社會和年輕時忙於工作而輕忽親子與親友關係，以致於年長時更容易孤單無助失去本來可能的社會支持網路。瑞士時間銀行有名，除了金融傳統與民主政治背景，要與這種社會背景一起觀察比較容易理解。這是筆者多次在瑞士瞭解時間銀行又回到國內協助許多長者照顧的反思。

這些趨勢提供我們許多省思。因應之道通常分三個層次來看：發明一些器物產品、調整服務互動方式、發展服務輸送系統。時間銀行是千萬種選項之一，被期待是一個穩定可預測的照顧解方，涵蓋服務互動和服務輸送體系。源自未雨綢繆的儲蓄與互助觀念，背後要有公民社會彼此顧念互信包容的價值基礎，看「人」的價值不是用與我有無親戚關係和有無生產能力。由於社會形態改變，加上希望更制度化，於是時間銀行有

15 https://digitaal.scp.nl/ouderenzorg/

精確的計算和管理系統，並在某些國家的某些地方持續。在歐洲，若看到基督教文化和人本主義生活淵源，會更理解時間銀行怎麼來的，也理解為什麼如何運作有成。

約莫二十年前國內逐漸有人獲悉時間銀行，學者、民意代表、地方政府不時有人感興趣，產生各種理想的論述以便爭取經費試辦。但

國內每隔一段時間就有這類大型時間銀行分享會，預算投入長出的成果如何保有計畫原始立意引起許多討論。

運作迄今，有的半路改換點券結案，有的因參與者要求把當時自己承諾以後交換的服務項目換成長照，而使承辦單位不堪其擾。最終探討研究試辦者多，能本於原味穩定持續運作者少。以時間銀行在國內多年累積實驗看來，時間銀行不容易生根，因為我們社會互信越來越低，輕看衰弱者潛力，而且很多人計較項目卻又想從中

許多社區發展組織嘗試組時間銀行因應照顧需求。看到瑞士有的城市時間銀行會員近千很羨慕，其實這其中要有社會無私、互信、互助的價值基礎和適合在地的發展方式。這主要不是靠錢，而有賴不斷提升的公民素養。

得到對未來的安全感，忽略互動本意與花掉時間的價值。除非再找到合適的模式與民眾支持，不然短期很難成為填補照顧需求短缺的策略。

然而照顧需求仍在且越來越迫切，加上經濟遠不如三十年前榮景，與更嚴重少子化，下一個方法或方向是什麼？很多人希望很快有答案，甚至有「不要和我講道理，告訴我怎麼做就好了」的說法。有些單純的生活困難可能只要別人指點立刻就通，但人口老化不是那麼簡單的挑戰，不是加碼花錢，迅速找些亮點再輔以說詞包裝就可以成就。這需要釐清想法，並找出共識，或許有個程序架構可參考。

首先是價值觀，其中包含人觀、服務觀、照顧觀、幸福觀。以人觀而言，我們到底認為「人」是什麼？以基督教信仰為例，人是上帝按其形象所造。這意味尊貴與生俱來，人有創造力、活在關係中、有若干選擇權、每個人獨特……。後三種觀（服務觀、照顧觀、幸福觀）也影響我們該如何彼此相待。例如，丹麥長照教科書告訴服務提供者，照顧是支持自我照顧，並相信再衰弱的人都有實現自我的期待。照顧就是支持弱勢者的自我實現追求，這和只是顧不摔倒、不餓死、能呼吸、不吵鬧就好，大不相同。

其次是處遇。價值觀影響我們如何看待周遭人們處遇，對人的痛苦、需要、尊嚴維護、公義平等伸張，視而有見，覺得自己有份責任。例如冠狀病毒流行，許多老人照顧機構因遵循防疫採取隔離，但有的機構排除萬難，想更新而安全的方式讓家屬探視長者。荷蘭甚至還有全國巡迴移動式失智者專屬幸福感體驗空間，讓各機構住民增加樂趣。各國孤單的人都越來越多，芬蘭覺察到，因而有計畫性鼓勵老人幫助別人，自己就不孤獨。以色列則透過開放的溝通，掌握到職業服務提供者有因工作面臨很多失落而產生無病識感創傷風險，因而創設課程支持職業服務提供者。看到人口變化，挪威創設專門訓練身心障老化照顧、失智與老年精神科照顧這兩科的服務提供者在職教育學校。

然後我們決定目的。想改善什麼？或希望共同追求什麼？使人一起活著像人該有的美好。例如推動老人延緩失能，不僅想到有錢使用先進電子器材的人，也要想到貧困老人；不僅想到一般可自由行動者，也想到許多視障、聽障、語障長者一樣需要延緩失能和社會參與，例如芬蘭教會興辦可能是世界第一個各種障礙老人都能前往享受社交與生產活動的關懷據點。臺灣也有新而持續的視障長者運動課程，發展視障者版體適能測試法和帶領方式，驗證能幫助視障者改善體能，長期在家的視障者還因此出門彈琴配合，讓他們增加社交，得到身心靈很好的激勵。

最後是策略。也就是什麼方法、工具和資源？例如比利時多數安養機構設活動帶領部門，用科學方法觀察失智老人主觀幸福感，鼓勵相似生活期待的人形成嗜好小組，大家快樂，照顧困擾減少。這不是一直把所有活動只想著為治療，而是從支持活下去的意義與價值著眼。又引進多種設計思考方式，由服務提供者共同建構人性的互動照顧文化，讓服務使用者感覺到有尊嚴。芬蘭更發展不增加人力與開支，能大幅提升照顧品質的長照教練公司訓練法。挪威、丹麥設立失智者專屬社區大學。這些許多不是靠錢或不只是靠錢，而是專業和熱情與回應時代需要，顧念人而不是為榮耀自己的從業價值。

如果社會群體價值觀差異非常大卻不面對，或者跳過而直接動用資源構築新計畫，往往無根而難持續，更不用說永續，或者模仿其他模式做出來卻不是原始的味道。例如瑞士、荷蘭、丹麥、挪威、德國、奧地利與芬蘭的相關服務，都看得到支持衰弱者（含身心障老化民眾）社會參與、自立與貢獻別人，甚至以繳稅為榮。而不會骨子裡認為他們什麼都不行，只是需要別人幫助養活。我們社會到底用怎樣的人觀、照顧觀、服務觀、幸福觀看待衰弱者與服務提供者？是當產業？是為榮耀自己？是口說而內心也真的是以人為本？

觀念清楚有共識後看處遇。政府已經年花約六百億在長照並宣揚為政績，需求者多必然花費多，但能控制預期上升幅度趨緩才真厲害。這不但要推動健康者延緩失能和社交互動，更要涵蓋各種族群，而不是集中於一部分老人。例如大量發展據點，但據點要能符合多樣期待。不來據點的老人如何支持他們活躍老化？並得考量視障、聽障、語障者等各種人的限制與潛力。

觀察各國發展趨勢與我們老化處遇，除了可多從價值、處遇、目的、策略程序，於各地就當下與未來細緻推演、共同思考。展望未來兩大方向需要努力：一是鼓勵健康長者投入生產活動。我們六十五歲到七十五歲需要長照的老人是少數，多數是健康的。可是以後七十五歲以上大量增加，所以盡可能開發生產活動可延緩老化也能增加社會資源。健康長者幫助老老，善用同理心與生活經驗優勢，減少社會開支，更擴展人際資源自然減少孤獨者。甚至可能發掘相似生活期待的老人能聚集同樂，而不是分開被迫接受制式、他人提供的活動。要能有效啟動尊重老人願意活下去有意義、有價值的內在動機。

二是積極開發親屬外非正式服務提供者。職業服務提供者人力有限同時，隨老化速度和人數增加，越來越多樣的服務使用者常在於社區，如共病、安寧和各種臨時需求。這挑戰我們即使願意拿出彈性時間與個人資源，花心力服務不認識的或非親屬的人，得有必要基本的專業知識、關顧素養、更完備的後援諮詢組織，與彼此珍惜資源的態度，才更有信心與能力面對有難處的鄰舍。

老化挑戰是現在到未來三十年不消失的社會議題。不必看成問題，也不必動不動就散播「長照悲歌」，更不該只是拿悲歌當前導，只為銷售科技和以福祉為名動用天價經費投入美名，而忽略老人期待的研究或活動發展計畫。把價值觀釐清，互助未必要對價為誘因，還可能模糊本意。到底怎樣健康的看待「人」與老化？拿掉刻板印象，敏感的看到社會變化，找出共同發展目的，願意合作耐心的找策略，讓大家有盼望才是我們該做的。

瑞士時間銀行服務統計示例。

Monate	aktiv	abgeschlossen	Total
Jan-Jun 14	1	1	2
Jul-Dez 14	6	9	15
Jan-Jun 15	26	23	49
Jul-Dez 15	47	40	87
Jan-Jun 16	62	59	121
Jul-Dez 16	74	71	145
Jan-Jun 17	66	93	159
Jul-Dez 17	61	122	183
Jan-Jun 18	64	143	207
Jul-Dez 18	78	158	236
Jan-Jun 19	88	182	270
Jul-Dez 19	110	209	319
Jan-Jun 20	126	232	358
Jul-Dez 20	196	331	527
Jan-Jun 21	203	406	609
Jul-Dez 21	243	440	683
Jan-Jun 22	275	461	736
Jul-Dez 22	299	501	800
Jan-Jun 23	322	559	881
Jul-Dez 23	333	605	938
Jan-Jun 24	356	629	985

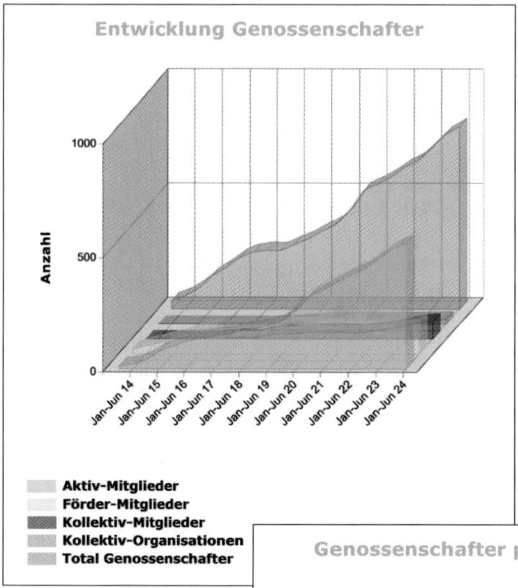

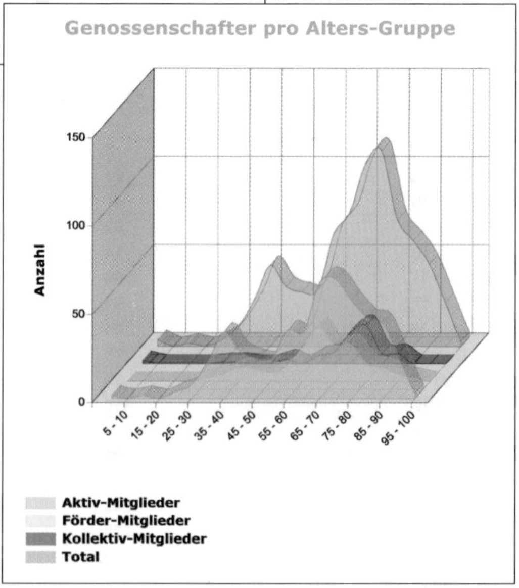

2024 年出版的瑞士時間銀行營運報告看得出會員成長且精確分析高參與人數等，以便有效調整服務輸送。

2 PART 育才啟發

2.1 回應時代需要的挪威退休準備學校

導讀引言

本文是二〇〇七年和二〇二三年兩度參訪挪威退休準備學校的心得，並補充在國際間發展之相關理念。由挪威這成人教育組織的變革，可看出回應社會趨勢的努力。幫助人適應社會變化、生涯變化，有其貢獻。從整體面看人的價值與需要，而不是只想到經濟問題。實際上退休之際產生的許多心理挑戰，與有錢沒錢不見得相關，卻對人的身心影響很大。如果從社會保住人力資本和降低總體醫療負擔看，很值得我們考慮發展。

第一次聽說世界上還有退休準備學校是二〇〇六年在訪問美國退休人協會時，這個協會在美國影響力大，於資本主義環境提供許多老人活動和服務。[1]

見到實體的專責退休準備學習機構是二〇〇七年在挪威，當時在挪威有朋友帶來這地方，遇見曾任牧師，有大量海外援助服務經驗的校長Thor Østby。那同時也是筆者正念成人教育研究所，開始接觸世界成人教育鼻祖國丹麥如何發展成人教育歷史的時候。

這學校一九七六年成立，三年後正式開課。最早是挪威人到丹麥看到舉世聞名，扭轉丹麥成為現代公民社會的終身學習體制，由葛維隆創設無考試的民眾高等學校。[2]挪威人心有所感、心嚮往之，打算建造類似學校而有退休準備學校。當時的名稱是Norsk senter for seniorutvikling，並於一九八五年開始爭取政府補助。

其實整個校地原始是一位農民富豪所有，他為自己打造退休住宅，老宅保存迄今。此處風景視野絕佳，所望之地都是他的，幾代之後轉為民間公共用途，幾經改組，二〇

1 https://www.aarp.org/retirement/planning-for-retirement/
2 https://danishfolkhighschools.com/folkhighschools

二三年業務穩定。[3]

挪威北部另有一家類似目的的學校（nordnorsk-pensjonistskole），不論丹麥、挪威或其他北歐國家，循著基督教文化思想基礎，一樣注重如何支持人活出該有的樣式。《聖經》說，「人是上帝按著上帝的形象所造」。所以活出人該有的樣子可參照《聖經》的論述，這其中最明顯的，包含人的價值來自被造而不是寄託於有多少錢和什麼地位。另外，就是在愛裡得到肯定與建造彼此，尤其這些並非永恆，隨時可能改變。

退休準備學校校區搭配成人學習特性，設許多舒適的交流對話空間，學理稱為「下課時間經營」。

退休，正是反照這些價值的機會。當時校長說，「也許泛泛的問，退休什麼重要？許多人說，錢！健康！（主要想到的是各種身體疾病）」。但校長說，「實際是位分！（一種自我價值的靈性健康）」，也就是退休後我是誰？時時刻刻看自己的價值是什麼？這個影響一切生活的動機和身心健康，或可說是「存在」課題。

課程會討論退休前後人的位分的問題，退休後走在街上，是誰？即使別人喊您（立法）委員、局長、經理⋯⋯，可是自己知道現在已經不是，再也沒有該職務所擁有的權力與資源。如果還能從家庭關係經驗到愛，則跨過退休前與後，仍有尊嚴、價值、意義位分。

他舉自己的例子，女兒在駐土耳其大使館工作，有一天帶孫女回來。孫女看到他喊，「爺爺我愛你」，衝向前抱住他。他說，這比什麼都讓他覺得受到肯定與尊貴。

3 https://www.nestorkurs.com/bedriftskurs

除了思想位分維持重建的課程，二〇〇七年時還有休閒旅遊、財產法律等，並已經形成開課模式。不同企業，如北歐航空、某石油公司，或散戶可能來協商訂購要多少天的課程？哪些議題？學校就物色老師人才庫適合的人選和能配合的時間促成。

這學校是不折不扣的成人終身學習機構，而且像度假村樣式放鬆。注重引導反思交流對話，提供社會處遇變化，讓大家從全人關懷和生命階段角度，學習如何安身立命，和在公司行號辦公室上課的氛圍不同。

筆者問好像沒聽說如臺灣公務員退休預備研習，找衛生局局長來談各種疾病。校長笑著說，「老是討論疾病小心更有病」，並非生病不管，而是說退休準備學習完整框架為何？

二〇〇七年當時學員上完課還有「個別總諮詢」時間，相當完整。筆者回臺多次在不同學術討論會與政府和民間機關介紹，大家點頭稱是，不過並未有何特殊進展。或許我們民情文化不適合這種學習？或許有別的原因？我們生活太穩定？

從二〇〇七到二〇二三年臺灣有許多變化，包含年金改革、通貨膨脹、高齡少子、兩岸危機、社會價值轉變……，很多人提早退休，也有些人被迫離職繼續找工作。法定退休年齡和勞退制度調整，冠狀病毒打亂生活身心健康……，為退休預備可能成為更務實迫切的課題。

有些樂齡大學開始類似主題課程，但仍零星。這要看實際市場有多少人願意以結構性團體學習方式增加素養，也看辦課者能否發展更實際、與學員有共同語言的學習。某些律師講課講完，學員理解多少，大家看法不一，演講和課程不全然一樣。

同一時間國際間也在發展，例如愛爾蘭退休計畫委員會有四十年之久，也有完整的退休準備課程。[4] 又如臺灣與瑞士的部分金融保險產業可能分享服務經驗兼連結業務，也已經發展頗細緻的相關學習資訊。[5]

---

4 https://www.rpc.ie

5 https://www.zurich.ie/pensions-retirement/preparing-for-retirement/

挪威不少老人中心也有聚焦財務法律的單日課程，[6]筆者見到主責者 Hege lessoe 仍以財務法律為主，選個飯店，安排一天課程。如果純粹只是退休金的運用計畫，也有七家保險公司聯合發展的網址供參。[7]

至於二〇〇七年那所不只重視金錢運用，而是全面生活以示區隔的退休準備學校還能生存否？答案是改名重整，目前還存在。一年一百門課，兩千位學員，總經費一千五百萬挪威幣，政府支持極限是四成。

Tom Erling Dahl-Hansen 校長分析退休準備課程在社會變化下轉型成三類。

因疫情不再聘固定廚師，餐食全改外送，學員選擇可以更多。人事精簡到六人（挪威工作彈性，六人是指實際不只六人，有的以六成或五成工作任用），能夠維持零病假，意思是員工很喜歡這裡的工作，一般公司行號病假比例是一年百分之三到六。另外，該國一年一人有五週休假。

回應社會趨勢變化，調整為鼓勵思考勾勒一個法定退休年齡後，繼續生產工作的生活，個人要如何規劃？搭配其他與退休準備無直接關係，但是與提升老年生活品質有關係的各種課程，例如藝術、文學、歷史，從網路看可見，不少課程一公布很快就滿額。

二〇〇七年時代那種許多企業合作送一批批人來的盛況不再，二〇一四年接任校長，六十四歲的 Tom Erling Dahl-Hansen 說，「北歐航空和石油公司都發生業務挑

6 https://www.skipper-worse.no/senior-planlegging/

7 https://norskpensjon.no/om-oss/

戰與財務重整，其他公司破產，以前模式難再適用。現在最有錢送團體來學習的在職者來自生產武器的公司，尤其烏克蘭戰爭後，還有些日商」。

挪威法定退休年齡一再延後，沒有面臨激烈抗議與革命，未來國民大約工作到七十歲退休。高齡少子更明顯，老人比以前健康，想追求更多生活品質。活得久的人多，經濟需求多，大家必須工作更久才能終老。太早退休是個人選擇，但如今將可能造成老後貧困，學校慎重的調整規劃回應變化。

重整後的課程區分為三類：第一類，五十五到五十八歲，最多到六十五歲，建議攜伴參加，一起討論退休前到退休後生涯的規劃，另有財經、法律、健康。第二類，六十二到七十歲，剛退休，討論生活創造力、理財、法律。第三類，六十二到九十歲，已經處於完全退休，學習文學、歷史、科技、藝術、氣候、文化、社會等各種新知。上課無考試、無課本，以講義與對話討論為主（而非單向講課），幫助學員更新知識。

二〇〇七年該校安排幫助學員很有用的學習後個別諮詢，原不另付費用也調整，轉為額外付費的個別諮詢，且時間縮為半小時，由退休金專家擔綱。

學校設施翻新，有許多小型討論角落，有舒服的環境，邀請許多知識豐富專家教授開設新課程，繼續爭取更多政治理解和支持。設立營運社會使命「使更多人珍惜慎用每天生活，老了少去醫院」。因為政治人物知道，在挪威看病很貴，政策希望鼓勵盡量在家住到老，對自己好也緩解福利支出。校長 Tom Erling Dahl-Hansen 說，「我們學校就是促成政策成功的一部分」！[8]

第一類課程討論健康，但並非研究各種疾病和吸菸戒酒，而是討論老年健康變化、多工作一年有哪些豐富收穫。偏重正向的生活方式與生活理念，例如維持力量與平衡，例如倡議每天單腳站立刷牙，每日交換，保持平衡。「摔斷一腳要五十萬挪威幣的醫療支出」！他補充「亞洲人能輕易蹲下，請亞洲人到挪威摘農作物，而挪威人彎下相對辛

8 挪威另有專責促進高齡就業的研發機構。https://seniorpolitikk.no/

苦，我們要思考如何維持自主生活能力」。

至於財務課可長達三天，設計課程要同步考慮知識層面還有社交層面。學員需要建立互信關係，才能個人反思和相互交流反思，例如遺產，「夫妻有一小孩還單純，兩個小孩可能是爭奪戰，而且可能是大戰」。另外，不少挪威人離婚又結婚，使家庭關係複雜混亂，影響遺產分配，許多學員來這裡得到許多遺產分配知識，「避免戰爭」。

第二類課程，校長說經過評估，剛退休的人會是該校未來很大市場，因為剛退休失去職場身分，一時變成沒有職場位份的人，非常辛苦煎熬。還有人退休前花太多時間在工作，退休後一下子沒有辦公室可以去，不知道怎麼過日子，怎麼活下去？

所以發展創造力課程，用一天時間樂高玩具推演，開始重新思考人生與生命。之後跟著是一天個人財務狀況，不只是退休金而已，而是你有個新的財務處境，想想怎麼調整用錢能穩定生活，然後是法律課程。由以上學習，搭配現實，維持新的平衡、充實、有趣的新階段生活。

第三類課程，實際主要參與者大約七十歲，已經接納認同自己是退休者，他們大約要花三年轉化適應接納自己是退休了。我們稱他們是「好奇人」，從小時候事事好奇階段，現在回到第二次自由的凡事好奇階段，可以自由探索。曾有九十六歲老人來學電腦，因為要去印度旅遊找地方。許多退休老師、健康從業人員參加這類課程，有些學員本身學識很高，來這裡歸零重新學習。

本文所說的第三類課程學員課堂一景，老師正在介紹中世紀藝術。

為何不去大學青銀共學？校長說，「大學學期時間長，上課方式、訓練目的和互動未必都適合老人」，「學生考試，老人晾在旁邊」？老人有老人的求知期待。這裡有優勢，老人比較喜歡一輪三到五天的課。

校長說他個人從六十到六十二歲就有感覺，到六十四歲也有感覺。他哥哥七十歲，更明顯感覺。從退休前到退休後，再到老，生活可能劇烈變化，很自然。幫助民眾不用蒸發能參與社會，這樣很好。挪威有家庭醫師，現況顯示有些人去看病，其實沒有特別的病。寂寞，只是要找人講話，「找醫生只為講話很貴」！真是浪費醫療資源。來這裡學習改善這些問題多好，這裡的課程不是為了閒聊，是真的討論思考生活。

二〇一八年丹麥看到類似現況，多開三間類似學校，主要是第三類課程每次一週。

9 挪威現在也在倡議，丹麥都增加，挪威也應衡量。

各國民情不同，影響發展相似學校進程與形態。丹麥同類學校有些喝酒聊天更多，校長笑著說，「他們的酒便宜，好像把啤酒當藥，沒醉，或許這是文化。他們似乎沒有像我們學校討論健康，而更重視社交」。挪威晚近引進更多運動，如瑜珈，因為身體需要柔軟，避免摔斷腿，否則只能困在那裡。「若一大群老人同時斷腿，政府要破產了」。[10]

另外，因為老人居家生活越來越多使用科技保護，所以老人來該校學習使用科技資訊的人很多。下一步還有學習使用機器人，無人機取貨。[11]

一九九〇年之前，是六十五歲退休，完全脫離工作的時代。二〇一一年挪威政府著手年金改革，當時許多公司認為送員工來學退休準備意義越來越小，因為退休延後。但二〇二三年更多人與公司明白，人不再六十二歲退休或六十五歲退休，五十五或五十六

9 https://hojskolenmarielyst.dk/

10 挪威退休準備學校屬教育部權責，https://www.folkehogskole.no/en/about，丹麥同類學校屬文化部。

11 芬蘭已經常態使用這種送貨機器人。https://alepa.fi/

歲的員工還要工作十六年或十七年。所以，如何幫助員工在五十五歲上課學習考量還有這麼長的工作時間，要如何自己與公司雙贏？已經有些公司接洽該校，以因應新型態的長期變化。

校長說，他在日本遇見九十歲還在開計程車，透過翻譯，老人回答，「我必須工作才能生活」。在挪威，退休再工作，政府可能要人繳回若干退休金。

展望未來，許多政策的政治問題要協商，甚至照顧人力短缺問題，人民得學習適應新制度與環境到老。芬蘭倡議死前兩週在床，挪威現在希望死前一週在床。臺灣也有類似期待，但如何如此？似乎可以再想想「預防」意涵和在哪些平臺努力。

尤其我們各級選舉，候選人拚命從加碼長照來催票，可是國庫沒有那麼多資源，即使辦保險也不表示容易負荷。挪威這種學習活動於預防政策前端的角色與幫助，或許是一選擇。

2.2 劃時代的挪威長照跨域共學設計

導讀引言

寫這篇故事，感覺充滿希望。多年來，我們長照從業人員配合政府的制度，每年有各樣的在職教育。技術性課程多，而且連續性的有限。甚至有些去參加為累積時數的動機大，實質的收穫有限，這未必都是學員問題，也看教學設計與教材設計。挪威研發的在職教育從單向轉為互動，後來變成沒有老師的共學，引導長照在職學習進入新境界。讓基層服務提供者們面對問題的討論不是想到哪裡說到哪裡，而是總有所本！並且是不斷補充新知。

源起

二〇〇七年挪威有位精神科護理師有鑒於以往的在職學習不足因應需要，而且疾病複雜化和照顧有時需要結合多種專業，因而嘗試一種新的在職學習方式。初步執行成效很好，後來擴大到全國長照界，總稱為「ABC 專業深化學習」。ABC 是基本知識的意思，由國家「老化與健康」中心開發教材，這是挪威非常重要的高齡照顧研發與訓練單位。[12]

實施方式是所有從事長期照顧職業工作者，不含家屬、志工。以失智為例，家屬另有家屬學校課程，每年春天、秋天各有一班，每班四天。

職業工作者每年可以選自己想要學習的主題，或主管建議的主題，由全國設總管一人，各大行政區有區協調人，大行政區下的各縣市有課程自學小組開發與聯繫人，物色相同學習興趣的人，組成自我導向學習小組。

例如，失智照顧基本組、失智照顧進階組、老年醫學組、老年精神醫學組、音樂照顧組、身心障照顧基本組、身心障照顧進階組、身心障音樂照顧組、老人照顧組。

ABC 學習興辦推廣的行政經費，由國家健康能力與發展補助金支持。[13]

學習設計

每個組六到八人，這是小組最有效的規模。多了大家難都講到話，少了跨域與跨機構多樣性不足。如果用臺灣概念來比喻，就是高雄市有失智照顧進階組兩組、老年醫學組六組、臺南有失智照顧基本組五組、屏東有老年精神醫學組四組……。

每組都由不同長照機構、不同職務的職業工作者組成。他們出於自願而不是強迫，這個不會累積教育學分，而是強化自己的工作職能，也被視為忙碌工作中的一種喘息，相互支持激盪，降低工作疲憊無力感。

年初，南區所有今年承諾要參加失智照顧基本組的成員，全部聚集借一個會館或學

---

12 https://www.aldringoghelse.no/kompetanseheving/abc-opplaeringen/

13 https://www.helsedirektoratet.no/tilskudd/kommunalt-kompetanse-oginnovasjonstilskudd

校集合兩天，說明運作方式和個人的責任。年中，還有一次聚集，找專家補充更新該領域（如失智）的新知識，並且有跨縣市小組打破組別來交流。年尾，還有一次完成學習的總聚集。平時每個月聚集一次，一年內必須出席八成以上才有結業證書。如果沒有出席，例如生病，要補自學報告心得，說明自己如何學和如何用了該主題學習冊，給小組其他成員。各主題學習組比照這種運作方式。

ABC 課程中同一年同一行政區選擇同一主題手冊的各小組年中聚集研習。

教材設計

學員承諾要參加，每人獲得一本主題學習冊，裡面有一年份的學習量。由多位專家執筆，原則是一定要不同教育背景程度的服務提供者能讀得懂、讀得來。大家講好每月要讀該主題冊中的活頁夾次主題冊，每冊有新知也設計反思問題，幫助學員連結自身工作經驗。例如「老人照顧」這冊有一本主題是老年身體變化，內文介紹皮膚指甲改變。詳述後，版面編輯了事實圖框以黑點列出，容易提綱記憶。

皮膚癌的症狀可能是：

- 皮膚上的傷口容易流血且無法癒合、皮膚逐漸增厚並伴隨搔癢或不適、皮膚上長出變色結節。
- 類似濕疹的皮疹，結痂脫落並重新形成……。

這些症狀也可能是皮膚癌以外疾病的徵兆，如果症狀持續超過三週，請務必聯絡醫生。黑色素瘤，也稱為痣癌，是最嚴重的皮膚癌。黑色素瘤的症狀可能是痣或新出現的斑點，改變形狀或顏色（尤其是黑色）……。

提綱後再接建議皮膚老化照顧方式，「不要按摩，只能將乳霜輕輕拍入皮膚。工作人員還必須在床上和椅子上使用移位滑布，以避免摩擦皮膚」。

轉移技術和轉移輔助工具有哪些？「當您使用轉移技術和轉移輔助工具時，您可以使您的身體免受反覆提重物造成的壓力，同時您可以為患者提供利用自己的資源提供幫助的機會。經驗表明，正確使用轉移技術和輔助工具可以防止工作人員和患者受傷和發生事故」。

之後有本段內容的自學反思提問以連結所學而容易內化，如：

「為什麼要使用移位技術」？

「為什麼老年人比年輕人更容易得到灰指甲」？

此外，每本手冊各章節的每段都配有反思題。有時是安插人物故事前導，引起興趣和進入情境，讓學員練習應用判斷。如「老年醫學」手冊，前導故事：「八十五歲的安道森抱怨說他的呼吸有點沉重。此外，他昏昏欲睡、身體不適，無法完成日常任務……，他與女兒到診所，呼吸急促似乎是兩天前開始的。心電圖和血液檢查顯示疑似心臟病發作，他被緊急送往醫院」。

內文介紹疾病非典型症狀、急性功能障礙和多重併發症……。

然後學員要反思：「在前面的例子中，為了能夠評估他的狀況和他看患者的需要為何？他該做什麼？和如何做與為什麼？同時瞭解患者對這些做法的看法。如何與患者溝通以最適切執行服務，哪些觀察和生命測量對安道森很重要」？

每本主題冊內有六到十三本不等的次主題單冊。例如身心障主題手冊，除了有關發展障礙的知識外，該資料還包括溝通、道德、健康、現行立法、環境工作、強制和武力的使用、培訓以及有組織的日托和工作等主題。此外，重點放在做為服務提供者如何幫助提高福祉、建立社交網絡以及促進和鼓勵積極的生活。次主題手冊包含「關於發展障礙」、「倫理溝通」、「健康挑戰」、「環保工作」、「工作與日托」、「社交福祉網路」、「積極的生活與社會挑戰」、「法律與強制權力」、「發展障礙人士的親屬」。

反思任務

每本次主題單冊最後兩頁，有「反思任務」題。學員自己讀的時候可思考「為什麼要使用移位技術」？這類教材內文中的反思提問，碰面時不再逐一討論，而是討論封底的總反思提問。例如老年照顧這主題手冊的第一單冊「生物

ABC 課程各類主題的進行程序與規則，從左至右包含失智照顧、老化照顧、音樂環境設計、身心障老化生活支持。

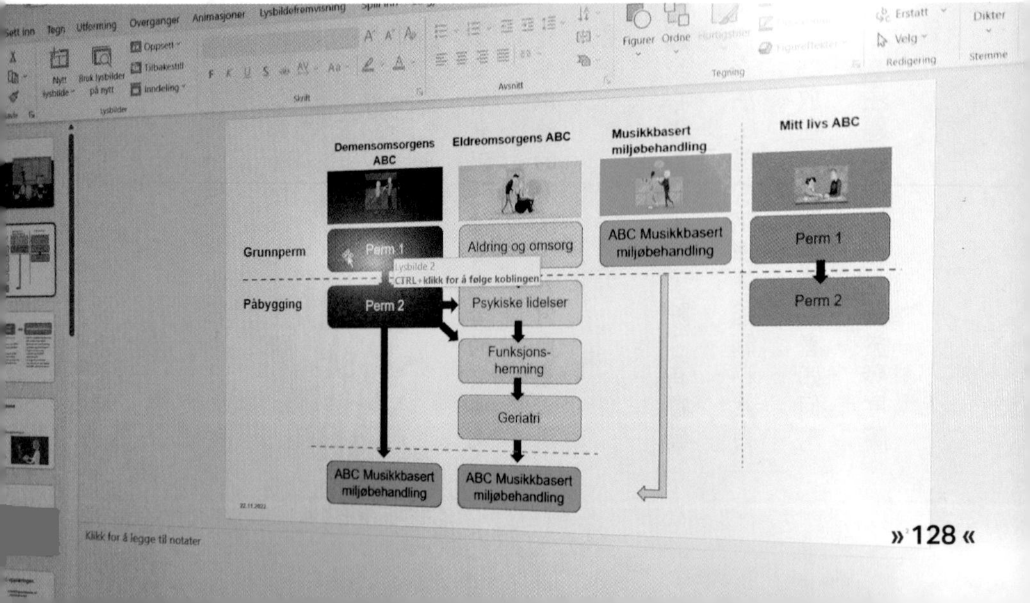

衰老」，當月讀完碰面討論封底的團體反思任務題。

【任務1】

一、老化涉及身體的許多變化，且個體之間存在很大差異。
(1) 從生活方式、遺傳、環境等概念出發，討論個體間存在差異的原因。
(2) 討論降低體內平衡和儲備能力對患病老年人的重要性。

二、老年人由於皮膚鬆弛、薄弱、脆弱，運動時可能會出現皮膚撕裂的情況。
(1) 以您自己的實踐為起點，討論移動情況下皮膚損傷的風險因素。
(2) 進入線上資源網 itryggender24-7.no 找到壓瘡區，打開工具標籤下的文件「預防壓瘡行動包」，在群組大聲朗讀行動包中的六點。討論您應該如何預防壓瘡？以及哪些輔助工具可以幫助您完成這項工作？

三、老年人的肌肉力量可能會下降，如何促進增強大肌肉群的日常活動？

四　討論骨質疏鬆症特徵，並描述如何才能最好地為骨質疏鬆症患者提供幫助？

【任務2】

以下是這本小冊子的目的：

一　以目標為起點，擬定如何在日常工作中運用您現在所學的知識。

二　閱讀《生物衰老》並與ABC小組中的其他人一起反思後，目標是您：

(1) 具有正常解剖學和生物老化的知識。

(2) 瞭解老年疾病知識。

每題朗讀完，大家輪流表達意見，再逐題進行。例如一位朗讀『老化』教材說明了身體有許多改變，而且可能人人不同，請討論個人差異，例如生活型態、遺傳、環境影響」。一位組員回應，「問老人的生涯、得過什麼病、該如何溝通」？另一成員可能補充，「關於環境，有研究說挪威東西部有些地方癌症種類不同……」。

下一問題是人體老化過程中器官功能如何維持身體平衡？不同器官功能變化的影響？有些成員沒有概念，但若正好有護理師在該討論小組，可能把記得的分享給大家，於是大家受惠。

討論規則

每次碰面討論會至少一點五小時，一般可能用到兩小時不等。每個小組要有一位聯繫人，負責整年的點名和與教材研發單位保持聯繫。每組碰面時，由他帶領大家，輪流大聲逐題朗讀封底的提問，然後大家都要表示讀了以後如何思考這些提問。很重要的是，建構團體討論的安全感與愉快氛圍，以確保大家都輪到，不可以有人愛發表，其他人只是聽或不願發表。

原因是這才能確保參與，展現多個機構多種職業背景的人分享，使小組所有成員的學習豐富，單一職種的人可以在這種場合很有安全感又很實在的吸收理解別職種的人怎麼看、怎麼想。

若該組有對總提問的內容領域比較熟悉的可以多分享經驗，幫助其他人去想自己原來沒有想過的角度，最後留十五分鐘討論個人工作的挑戰。整個過程，在

ABC 課程年中同一主題各小組聚集研習的課間休息很重視跨組交流。

輪流發表時，注意不要打斷，要進行完。更不可讓個人的挑戰突然插嘴，岔開正在進行的程序，打亂前面的討論規則影響討論品質。

這樣學習，以後大家跨域合作有更多共同語言，每日工作知道如何求助。自己工作時，會想到別的同事需要什麼幫忙。

從二〇一二年後這種學習擴散，二〇二三年幾乎全挪威各縣市都採用了。雖不是強制學習，看到實用，越來越多長照機構很積極建議員工參加。

考量學員平時都在忙碌工作，挪威鼓勵學員投入的支持方式是一個月需要四小時到六小時讀一冊並思考許多個反思題，所屬機構同意提供一半的自學時間抵上班時間，另一半則學員用自己私人時間。

經驗分享

教材研發與全國策動者 Gry Hole 護理師說，「每個縣市地方聯繫人太重要，是這種自學方式推動的『鑽石』」。因為聯繫人有熱情，才能友善的鼓勵支持更多人參與。聯繫人之一的 Trude Irene Solberg 本身是地區失智個管師的主管，正是熱情的人。她平時主責多位疑似失智個案的家訪和個案的輔導諮詢，同時又是自學小組開發聯繫人，她安

ABC 課程能辦得好倚賴被暱稱鑽石的各區策劃協調人。圖左到右為協調人 Trude 和教材研發講師 Gry 與筆者。

排了 Mirian 職能治療師與 Teresa 居服員分享學習經驗。

Terasa 在剛從居服員班畢業時就參加這種小組，而非工作幾年成為在職者才參加。其實居服員班就有失智主題，但內容不夠，從這種小組獲益很大。如今，她是專責失智照顧的居服員，一天最多要去五位失智客戶家服務，同時還兼任家屬的巡迴輔導員。挪威也不認為一定要幾年長照經驗才參加，只要已經投入長照的都歡迎。

Mirian 本身現職為失智個管中心一員，最初參加失智組。失智組在挪威參加的人很多，因為社區失智者增加很多。她完成失智照顧基本組用一年，進階組用一年。第三年參加老年醫學組，學到從中認識老年的健康複雜，照顧要多角度考慮，例如不能在安寧時只用各科的背景用藥；又如長照工作者有時沒有想到一些問題，她曾和營養師同組，營養師分享在這些條件下如何設計營養使老人能吃？其他學員可以應用營養師的經驗，營養師也可以從同小組護理師等的觀點納入參考，思考如何更周延設計營養照顧計畫。

學習幫助 Mirian 多瞭解在不同處境要如何設計照顧。這種學習與加薪無關，也不是用來更新執照而必須讀（挪威護理師無此制度），也沒有考試，不必做會議紀錄。但有收穫使她願意繼續，因為學習增加工作能力，在機構能幫助人解決問題而有專業聲望與自信，避免不當照顧，繼續參加的動機在有收穫用於工作。

小組組成時照顧老手新手都有，因為大家都是正在服務的人，都有新的經驗，而且專業背景不同，加上知識日新月異，很少有人覺得自己比別人都厲害而不用聽別人的。能分享經驗也可以意識到自己以往的知識可能已經不適用，由自己覺察而不是別人指責，改變的動機更強！

兩位受訪者都表示，更多的知識帶來更多的觀點，更少的耗盡（burn out）！以幫助長照界留住人才，增加自信，減少壓力與職場不安全感，可以知道還能怎麼照顧，該問誰？有知識，當服務使用者情況變化轉向不好，有更豐富有系統來判斷問題。

就長遠來看，當然要換機構時也可能得到更多薪水。居服員也因而可能轉共照個管，個管也可以轉居服系統服務。

Mirian回憶使用失智照顧基本組手冊時，裡面有專冊介紹年輕早發型失智。當時對他們很震撼開眼界，因為別的地方沒有那麼詳細的說明。這種小組學習人人表示意見，也沒有主管來做結論。因為口語交流讓大家更容易內化更能用，有各職種專業人員一起，增加個人的自信和花時間看到不同的觀點。Teresa說她回到職場，從這些同業建立學習網路，增加自己工作的意義與價值。

應用臺灣

筆者於二〇二二年和二〇二三年實際訪視年中大集合，並且與多位地方主責媒合組成新小組的聯繫人，還有實際讀完幾冊的職業工作者會面。瞭解他們執行過程，同時分享筆者在臺灣四個大型安養機構的實驗。之後在居服組織、安養機構實驗此學習方式，初步也看到很好的效果。

例如某身心障安養機構服務提供者讀了手冊後，想到發生在機構內老人洗澡完未幫老人穿衣，起於支持老人自主而造成的隱私問題。又如讀了手冊引發機構工作人員反思到底許多當下的營運方式是為了便於管理，還是真的出於提供住民有品質的生活？以及覺察社交網路因進住機構而減少、到底怎樣的環境安排與住民互動才是真的「像家」？有的參與者心有所感說，「寧願參加這種方式在職學習替代大量人員排排坐聽講的積分課程」。另有學員表示，以往很希望認識老年醫學，而坊間許多課本厚厚一大本很難入手，也不知道與自己工作如何相關，但ABC教材「老年醫學」第一次讓他感到原來可以這麼容易閱讀和實用。

挪威交流

兩位與談者都參與過失智照顧基本教材，會如何應用知識思考照顧現場的挑戰？筆者舉一安養機構有失智老人，中飯時口銜湯匙不進食為例。在臺灣，若服務提供者積極，以當下處境可能思考要等醫師、或看看由神內醫師、語言治療師，或營養師、護理師等跨域會議找答案嗎？這樣思維在臺灣偶有。因為，基層服務提供者養成太短，往往自己不敢負責任或沒有足夠自信觀察因應。

Terasa說，「工作理念不是一個自己不能解決的問題就直接去問別人等答案，而是透過嘗試，從最簡單的入手，至少學到挑戰問題以及試試的結果如何。這樣，即使要轉介，也能告訴別人先前服務提供者做了什麼。到了小組，別人比較知道怎麼幫助」。有時讀手冊未必直接對應實務問題答案，至少提供正向開放的態度，小組也讓學員提供自己成功的經驗。

至於不吃飯要如何訓練？是否應用媽媽對幼兒溝通的方式叫住民「吃」！Teresa回應，「不論用什麼方式，要考慮不能增加壓力，這是失智照顧的大忌」。用催小孩吃的方式吃，重點不只在不宜把老人當小孩，而是表達方式可能有壓力。他們同時補充，盡量不要用老人沒有經驗過的方式引導，而多從老人過去生命經驗已經熟悉的方式刺激引發進食。

兩位同時引用 ABC 教材倫理主題相關內容說，「醫療倫理有項是『無害原則』」。所以服務提供者可以先去試各種方式，但記得無害為原則降低風險。這些就是從本能應對，走向受過教育有所本的專業應對的實例。

一位臺灣護理師提問，「在臺灣有失智老人玩卡牌，並將卡牌開始放進嘴裡，有時服務提供者會把卡牌收走，因為這樣風險最少，有何其他處理方式」？

兩位挪威朋友回答，「首要思維是支持老人有樂趣的生活」。如果玩卡牌確定是老人的樂趣，而不是別人打發老人的方式，則保住樂趣很重要。不是服務提供者沒空，給服務使用者卡牌玩。

首先是從倫理無害原則看，卡牌是金屬的還是其他材質？有無安全顧慮？其次可以陪伴他玩，看還吃否？如有動作，以微笑友善輕聲、半開玩笑表情加手勢提醒「這不是食物，我們不吃的」。因為失智者很敏感社會心理環境安全否，若用嚴詞表情「這不能吃啦」！（更甚者，有服務提供者就口出指責羞辱性言語）容易激怒或挫折。再者，若卡牌面積小，怕容易吃吞，則可考慮將卡牌改成面積較大的試試，讓老人仍有機會而不被剝奪，以上這段可見ABC教材一再強調的以人為本理念。

筆者左方第一位是 Mirian，再左是 Teresa，這兩位 ABC 課程學員在介紹手冊中每一單元小冊的任務主題如何於討論會使用。

Mirian補充，服務提供者要清楚自己的身分與職責，提醒自己一切對服務使用者出手的起心動念是什麼？我們的任務是什麼？要想一想！「我的工作想到我是誰，我想做照顧人的人，而決定我每天做什麼，展現成我是什麼樣子」！瞭解活動對老人多重要。不斷試各種機會，確認、支持老人喜歡的活動。不能以沒時間而剝奪老人的樂趣，有時甚至可反思，造成到處有問題要處理的忙碌是怎麼來的？

第三個問題關於臺灣有位太太被誤以為是譫妄，其實是同寢室住民的言語壓迫後表示自己見到鬼。若繼續誤判而就診並不能改善問題。Terasa回應，ABC有冊老年身心相關疾病主題的手冊先前參與過。至少，從本冊可多瞭解，什麼情況才可能造成譫妄，與可能的應對方式，而不會輕易認定。

每種ABC教材為了強化學習效果，都搭配有多部線上影片。例如身心障生活基本篇那冊，影片的部分有一位身心障者的生活如何得到幫助。反思題則圍繞這位故事影片，提出結合本手冊內容來看，「學員看到什麼角度？如果再來照顧這位主角可能根據手冊讀本而有何新的選擇」？

結語

時至今日，挪威許多機構主管不斷建議員工參與。「如果你覺得還有更好的方式，你就用。如果還沒找到，何不試試」？由於這種學習效果很好，挪威衛生部已經決定在二〇二五年前要大力推展，配合不斷更新的老年政策。

臺灣的急性醫療在職訓練設計多年有成，長照仍在逐步建立。採取高參與方式帶動從業者學習動機、增強照顧能力，對提升服務提供者生活品質、留住服務提供者和已經吃緊的公共資源，是政策該有的基礎建設。我們的下一步在職培育制度如何調整？「如果你覺得還有更好的方式，你就用。如果還沒找到，何不試試」？

2.3 回應時代需要的挪威長照在職教育學校

導讀引言

失智者多，先天身心障者也活得越來越久，形成需要照顧的挑戰。許多醫事人員在大學養成階段並未深入學習這些知識，當時也沒有現在這樣多的案量。隨科技和知識進步，有很多更人性的有效方式來支持幫助這兩種族群民眾。另外，老年精神疾病與身心狀態也有許多新知和照顧模式發展。這些需求與新知，促使挪威成立新的在職學校，同時顧念工作者忙碌，設計了配合工作者需要和有效運用經驗的學習方式。

人能活更老，是醫學努力的勝利。然而老年人口數量不斷增加，體弱多病的老年患者也隨之增加。重症和臨終的患者通常有複雜的症狀，症狀變化頻繁且迅速。這可能導致身體功能喪失、器官功能衰竭、多重用藥以及對護理與照顧的需求不斷增加。觀察、評估和行動等技能對於為該患者群體提供護理是必要的，系統的風險評估和預防工作有助於促進個人健康。挪威的在職教育學校課程網址介紹提到，「五分之一的老年人經歷焦慮和憂鬱，日常應對是打破孤獨、改善身體機能和活動的好工具」。

過去醫護人員在大學養成主要是預備醫院人力需要，後來失智者越來越多，老人身心問題更複雜，同時，身心障者活得更老。過去專業人員的知識已經不足以因應服務需要，短期如一天或兩天的學習又不足以系統性累積學習，而工作人員多半非常忙碌，經常因工作臨時變動或負荷而難以配合在職教育，造成工作壓力與無力感，服務使用者也很辛苦，背後的社會代價可觀。有鑑於此，挪威設立一種在職教育學校，專門為第一線工作的醫護人員、照服員進修之用。[14]

這在職學校非常重視學習與實務直接相關，也就是以最新的知識和成人學習方式直

14 https://www.aldringoghelse.no/kompetanseheving/fagskolen/

接支持實務工作。一些大學和地方政府合作，主動採取分散、靈活和基於模組的教育，每科系提供六十個學分和兩年以上的職業學校學位，包含線上與實體混成學習。以二〇二三年秋季為例，提供發展障礙、環境工作和老化的全數位教育課程，還有幾個短期教育模組，從二十個學分到十個學分，以配合不同學員需要。

學員可以根據工作處境和自身興趣設計適合的學習進程，自由安排模組順序及想要學習的模組數量。每個模組都會在線上提供一些課程資源，給出十個學分。要獲得老年健康職業學校學位，必須有三個選修模組和三個必修模組。現已開發出三個必修模組和五個選修模組，職業學校學位於二〇二四年獲得認可，學習網址指出「做我自己是最重要的」。許多老年人表示，以人為本的照護是重視人的價值基礎，明確使用價值基礎、個人方法、理解人的觀點、社會環境的安排。同時，國家衛政主管機關也制定並推薦以人為本的照護作為價值基礎。

關於課程有多少部分實體面對面與線上，一般來說單門課，期初一次同班實體碰面

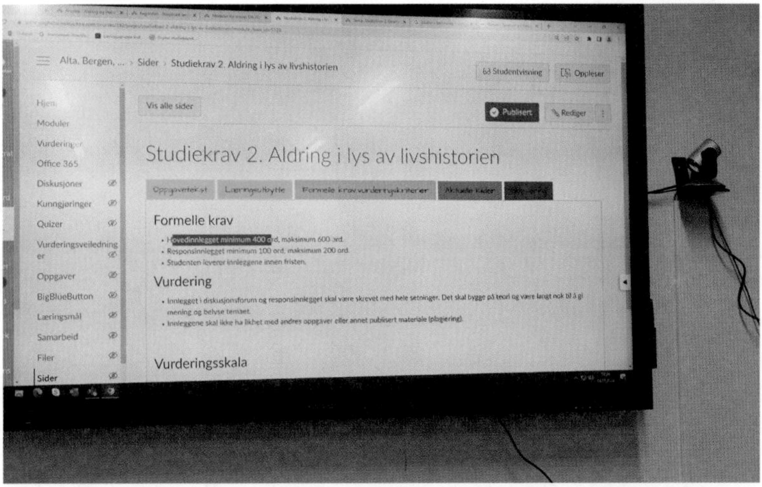

長照從業人員勞心勞力，長照在職學校為工作忙碌的學員設計線上共學小組進行混成學習，而不必常常四處舟車勞頓聚集來上實體課程。

左方男士是長照在職學校的 Kim Henrik Liland 老師，他與同事介紹成人學習特色的護理照顧教學法。

以便彼此有印象和理解，有助後續線上互動，期間則有兩天碰面。筆者遇見該校校長Signe Baksaas Gjelstad與主責課程設計老師Kim Henrik Liland做了訪談，闡述非常成人學習色彩的教學如何進行。以下是整理：

我們是建構性教學，這是終身學習的原理，教學要瞭解他們得到什麼？所以用大量提問和討論。寫作業不是重複寫事實資料，是要他們提供看到事實的想法，從學生說了什麼？老師知道你學了什麼？和你不需要再讀什麼？避免重複不必要的學習。

每年實體碰面兩次，每一個月線上碰面兩次到三次討論。要求反思你在照顧現場為什麼這樣做？學生以探索調查的態度去學，你可以用開放的心，試試不同方法，老師不會告訴你該怎麼做。老師不在照顧現場，不宜指導你該如何做，倒是現場你有同事可以與你討論。

老師可以提供看法和閱讀資料挑戰你，若你這樣做，如何考慮各種問題？老師與你一起創造新的照顧方式。

以往老師與學生討論讀什麼主題和資料，有時也許要求學生應讀哪些方向的資料，而不是哪一篇資料。學生要來告訴老師，他後來選了哪些。

以往年輕學生習慣老師給主題資料，這個學程有時老師給整本新的書。學生要自己看裡面有什麼有興趣的可以拿出來用，老師給回應，這樣學生也會在摸索時完全不迷失方向。

有些時候學生沒有同事，自己一人工作，他要有能力找資料做決定執行。他要向老師說明做了什麼（表達經驗）？

長照在職學校使用的各種課本，這些課本不是用來由老師上課介紹而是平時作業由學生自行閱讀引用，達到成人自我導向學習效果。

到底在實務現場做了什麼？不花太多時間討論做了沒有用的，而是我們明天可以試試什麼可能有用的？例如有人不洗澡，我們明天怎麼辦？

從期初逐步給他們自學的技能，最終老師的份量越來越低，而學生自學比例不斷增加。這種學習，幫助失智照顧機構仍缺乏技能的人越來越少，但是非失智類身心（精神）照顧仍有四成基本能力不足，這是許多悲劇發生的背景之一，有待努力。

我們用多樣學習素材組合學習，學生在職忙，老師與學生討論調整生活來配合學習。實際學習本課程，老師與學生實體碰面一年總共九天，兩年內共約十八天。

通常老師與全班碰面，找個旅館。平時線上由同學提出問題，所有同學都看得到別人提的問題，也許許多同學有相似的服務挑戰，大家可以看到老師如何與那位同學討論。

線上系統有許多主題視窗。所有學員有自我介紹，以便開始時大家彼此認識。要畢業有六個模組，例如從八月到十一月第一模組，逐月增加，每個模組都有學習目的是什麼？我們一起討論這段時間做什麼？

例如有時一個訪談作業是學生讀了老師的線上演講關於生活史，然後學生要去實地訪談一位老師。第一步學生要寫如何計畫去訪談，第二步學生訪談後寫下如何實地訪談經驗。不需要逐字寫訪談，也不是要描述受訪者幼年如何等等原始事實資料。

這裡不是要做研究，而是說明自己從中學了什麼心有所感，找到什麼敏感的內容與意義，找到有些新的關於溝通和關係的新經驗，然後同學討論。因為同學都在實務現場，他們可以結合訪談作業前的預備閱讀和訪談，找出新的看法與反思於自己的工作，如何對人的處境有興趣，而知道該做什麼與如何服務？

因為這作業過程，也可以經驗到什麼是「以人為本」的觀察理解，尤其同學聚在一起，更從以人為本的角度交換經驗而相互學習到新的經驗。

老師看到學生訪談一位二次大戰的親身經歷者，可能要這同學以第三者的角度，透過訪談見證經歷戰爭生活的立場來寫作業，找到新的服務想法與興趣。

老師們為了設計作業和提問方式也要不斷交流，找出最適切的應用方式鼓勵學生學習，我們希望學生每次學習都能連結先前所學。有些學生可能有困難，以前缺少訓練反思，所以老師要設計引導。老師可以展示如何做，而不是鼓勵學生摸索如何做。但即使老師做給學生看，直接讓學生複製，也不表示學生能完全複製。同學要展示你讀什麼和應用什麼？

我們另有一作業要逐步寫出細節，例如如何給人一杯咖啡？從如何觀察打量客人到打算執行的每個過程。例如還有怎麼擺餅乾？透過這作業反思這個過程，然後在網路群組上作業的同學，還要對別的同學的作業寫一定字數的評語回饋，而且回饋要學習做到正面相關，符合評論格式。

以上這些全部是一個作業，一個模組課有五個作業。老師評量不針對一個作業打分數，而是五個作業一起看。老師給意見，然後同學再根據老師意見調整作業，這樣才開始多檔案一起的總評分。第二輪再補寫的人數不一定很多，一位老師在一個班約二十到三十人。學生需要的是臨場知識而不是分數！

我們談到服務使用者的期待，其實包含身體心理社會等期待。每個主題學習有混成設計學習，例如譫妄症，先線上學習有如何辨識的工具去練習。學生用了有問題可以問，尤其身心症失智者沒有辦法表達痛，還有人拒絕評估，像這樣的人我們如何評估呢？[15]

秋天作業總共九次書寫作業，還要回饋其他學生、兩段自製影片。自己錄影片分享如何評估，解釋過程才能懂得如何用，另做投影片說明結果。我們不可能一夜變專家，必須不斷討論。

學生在學還會與所屬機構主管討論學習，本校也會與這主管聯繫，確保學習品質符合政府要求，此要求縮寫為 NOKUT 諾庫特為挪威教育品質保證機構。[16] 這樣，學生

15 https://www.aldringoghelse.no/kan-det-vaere-delirium/

16 https://www.nokut.no/en/

會更感覺所學的是重要的。機構主管要掌握大家學什麼？也許請大家幫助和分享來支持他們。

成人學習方式要實踐然後彼此討論，我們幫助學生養成用他們的專業語言表達所學知識和討論。在這學校，學生學習時，多使用語言表達是一種思維方式。

學生能強化思維方式，可以把能力轉用於其他工作需要，學生有自評表認為自己過關否？學生可能學四年，學完可以增加薪

圖左一為長照在職學校老師也是教材作者的 Kim Henrik Liland，左二是校長 Signe Baksaas Gjelstad 與筆者夫婦在校區合影。

水。學生在碰面的時候討論他們未來想做什麼？弄清楚去做，下回討論做了如何？

尾聲：這種學校的課程和招生規模不斷擴大，許多人看到這種學習方式教的是以人為本的照顧，強化因應挑戰的能力。其實，這樣為辛苦忙碌的長照專業人員設計在職學習方式，也是以人為本的例子。學員不用蠟燭兩頭燒，感覺相互支持，才可能留住更多人在長照服務，因應越來越嚴峻的照顧負荷與社會期待。而發展課程的過程，可見許多學術單位與實務單位能夠有效合作，這又是另一很值得我們思考的角度。讓不同長處的人，可以不用互相輕視，而是用出個別長處，構築更有效能的學習機制與學習資源。

在職學校實例分享

Juliana Nielsen 說，「每個月有一到兩次兩小時線上與同學老師會談，平時自學搭配實務工作寫作業，充分學用合一，增加反思能力，滿足個別化工作需要，不時感覺有許多同學和老師專業支持每天工作，也因而更有熱誠幫助別人」。

同是從印尼離鄉到他國投入長照，因挪威政府提供紮實在職課程，有更多能力觀察辨識現場，例如失智者精神狀態到底是憂鬱或不是憂鬱？或為什麼憤怒？運用新學非語言肢體溝通技巧來增加失智者對服務提供者信任，能提出專業討論，整合應用學理轉化為洞見，採取創意作為改善問題提升品質，更有工作自信與成就感，而且影響同事與主管一起進步。「我現在遇見

圖左是長照在職學校結業的照服員 Juliana Nielsen，右方男士是機構主責訓練的護理師 John Inge Thorkildsen。

工作挑戰更清楚我在做什麼？我該做什麼？為什麼」？包含疑似性騷擾，知道保護自己時如何避免造成長者尊嚴受損，而且能理解長者生活需要而適切給與關懷支持。

挪威新進照服員養成需要參加課程及八千五百小時工作經驗（含參加訓練前必須先有兩千五百小時，約兩到三年的工作經驗），學習後畢業。丹麥是兩年半，我國是九十到一百小時。Juliana 與校長都認為，長照在職學校對照服員基本課程結業出身的從業人員提升素養特別有感，之後還有搭配每年每月一期的各種「ABC 跨域主題共學課程」。

挪威長照機構在一定規模後設有訓練規劃主責者，支持員工有效在職教育，轉譯知識、鼓勵分享、擴大效益。John Inge Thorkildsen 認為優質在職教育最明顯的效益是，「看到員工反思能力增強，交互學習頻率更高，將知識內化為工作能力，更多角度看問題，知道如何與同事和客戶溝通。知道什麼是優先要做的，更落實團隊合作。這非常重要」。

校長曾在安養機構擔任這職務，沒有學者與實務脫節問題。校長強調，學員都是成人，大家有工作經驗，在職教育設計不只學知識，透過成人教學法營造交流機會，由學員一起創造新知識，而且結業後繼續在所服務的機構帶動基層新的共學共享文化，使員工素質越來越高，增加工作安全感。「這種在職教育方式中學員不可能上課睡覺」，或被迫到場卻只是來簽進修小時數，使在職教育流於形式。

Juliana 服務的機構中庭有觸感特色的生活用品懷舊布置，這是員工學習成長後能共同創新的例子。

2.4 有趣務實的丹麥長照自學教材

導讀引言

到二〇二四年，臺灣之前有二十五年左右長期照顧教育從急性醫療教育累積的經驗來發展教學法與教材設計。值得注意的是，知識在進步，教學法也在進步。學生的學習挑戰也在改變，注意力不集中、生活忙碌、閱讀能力不一、理解能力不一。教材不是用來讓老師表現多有學問，而是支持學生順利學習。當長照領域成年學生多，我們有無想過，到底成人學習和國中、高中生有何不同？我們編的教材適合大家學習嗎？

人口老化的社會，更多人需要長期照顧，需要更多優質照顧人才，培養人才需要適切的教學法與教材。長照工作者中，照顧服務員是最基層第一線，接觸客戶頻繁。他們的能力，包含觀察、溝通、執行工作與創造力，影響照顧品質和安全。

這個工作族群的教育背景參差，教育、文化、年齡不同。許多學員是成年人，新生從十八歲到六十多歲不等。人人學習吸收步調不一，多數人無先備知識，年輕時曾經在正規教育階段面臨學習挫折經驗。

若以傳統主要靠教室單向講授方式，很容易再次造成學習挫折與疏離感，難達訓練目的。但是，學員比年輕時多了些人生經驗，這部分可能成為阻礙，也可以成為加分，得看教學者的理解與運用。

至於長照客戶，特性與需求也很多樣，包含單純服務項目者、出院返家者、急性後期者、多重共病者、特殊偏好與顧忌者、文化背景差異者。執業照顧還可能遇見各種家屬，需要設法合作降低阻力。幫助客戶面對衰老，需要綜合性考慮，人人個性與期待不同。不再只是「在護理師的指導指令下行事」就足以承擔，照服員得有相當的獨立判斷應對能力。

面臨這種工作特性，培養人才時必須有適切的教學法、教材設計引導學習，盡可能讓學員正向的結合生活經驗促進反思，按著自己的吸收步調來學習。於是，教材充分考量學員能夠自我導向學習立場來編寫，成為共識。

五百萬人口的丹麥，在各區都有照服員學校共五十家，分成兩種學程，一是畢業後能擔任居家服務人員（SSH），或可稱照顧幫手；另一是畢業後能擔任居服也能夠格到醫院工作者（SSA），或可稱照顧助理。兩種學員一開始時有一樣的基礎課程二十週，之後 SSH 和 SSA 有不同的教材和實習要求。

學期一開始，同學要買對應學程的教材許多本，包含基本生活照顧、基礎醫療知識、照服員行政素養、復能等。和臺灣相較，有幾本比較特別些，包含「自然科學」、「如何面對人」，還有「跨域合作」。

從這些教材可知，政府對服務提供者的期待。服務提供者要能執行服務，且知道為什麼，而且能有良好的溝通，在友善氛圍完成服務，激勵客戶。

這些教科書有共同內容鋪陳結構與格式體例，以便掌握學習方式，而且特性是學員還沒有上課，就能自己隨著教材單元內容敘述，逐步向前走。在數位科技進步後，實體教材搭配數位教材，感覺可以學得來，學得有趣，掌握生活知識，以及知識與知識的關聯。

實體課本有許多章，每章自成主題單元。學員可以按興趣與老師要求的學習進度，隨意從不同章開始。每章一開始先有前導引言提問，以紅色問號表示，搭配一張照片。

學員的課本除專業知識教材，還有「如何面對人」（Mødet med borgeren）的課本。畢業後能當居服員的和能當居服員又能在醫院工作的還有不同程度內容的兩種版本。主要不是機械式的操作溝通，而是以人為本更全面的服務溝通素養，包含面對衝突，不再只憑本能、情緒、經驗。

如同老師 Heidi Sørensen 所說，「規劃設計教材的前導提問如同是個汽車鑰匙，要啟動學生學習動機，就像發動汽車引擎」。可能用到學員從小到大的一般生活經驗，或者不難想像的問題，以及讀課本前就已瞭解的部分，使學員在既有的知識基礎建構更多知識，從而容易記住本章內容。

例如介紹傷口，前導提問要學員回想幼年騎單車摔倒破皮的過程。又如談到照顧協助，問學員，「曾有自己感覺想做卻做不到，靠別人幫忙才完成的經驗嗎」？多半的前導提問簡短、採開放性問題，以便學員更豐富的省思和援引生活經驗，也不會帶來學習挫折覺得很難，不是只有學霸才能學。

又例如探討身體功能，問學員，「你能想到哪些功能障礙」？這種提問鼓勵大家表達，可因為與同班不同生活經驗的學員一起而豐富學習，再用正向眼光看待，找出人的潛能，支持人發揮能力、實現自我。

前導提問後，接著有學習主題的蜘蛛網狀結構圖，幫助學員掌握專業的服務，就本章主題來說，應該包含哪些次主題，而這些次主題的相互關係如何？這樣，學員裝備知識比較周延。

例如備餐，蜘蛛圖至少包含餐食營養衛生、用餐氛圍、用餐工具。這樣，學員以後一想到備餐，就自然想到這三個知識區塊來布局，提供有品質有別於非職業服務提供者隨興行動的專業服務。

蜘蛛結構圖之後，有藍色字體的本章概述，說明學習這章後能知道什麼問題，對客戶多重要，和如何改善這些問題？學員從中心裡有數，可以學到什麼，增加學習準備度。文本字數大約兩百到三百，降低閱讀負荷。

之後有一塊塊的文本，漸進式的提供知識。如同一位二〇一三年退休，有四十年居服經驗的居服員Lene Hensen強調，「知識！知識！知識！沒有充分的知識怎能觀察辨識和自信去引導客戶理解配合呢」？

教材中的知識由實際從事居服、在照服員學校教學的老師撰寫。他們的原則是教授同一科目的老師搜尋相關學理，然後將學理分成必學和最好知道兩類，按深淺與邏輯鋪陳。每段學理知識之間，搭配圖片、表格，如傳統的觀念與新觀念的比較。

之後有提問。Heidi解釋，這是走過知識時的「停下來思考」，輔以各種社會發展事實資訊（以打勾號表示的圖框內有文本），再加入適合且多樣的案例故事（以驚嘆號表示的圖框內有文本）和情境提問（以紅色問號表示），來強化佐證知識的重要與如何使用，幫助學員統整知識、事實與自身生活經驗，以批判態度來省思學理，

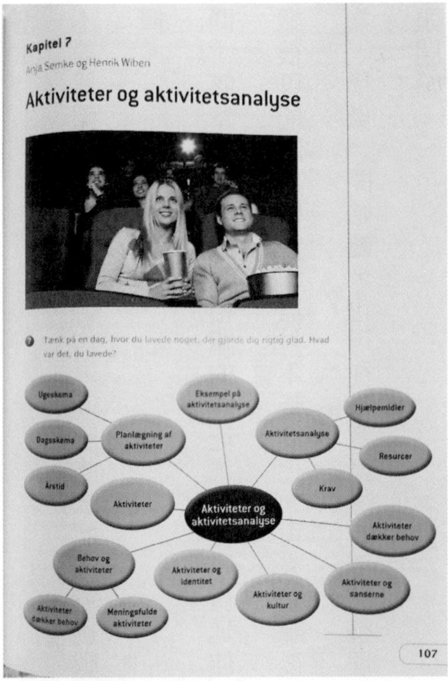

課本配合自學和結合個人生活經驗啟發學習興趣，所以每章文本前有帶有訊息的照片、學習結構圖。每段都有問號標示的前導提問鼓勵學員反思以連結文本後續的新知。

進而深化健康專業的服務價值。

這樣，實際工作時，不論單獨還是與同事合作，頭腦能依照處境挑戰，拿出各種資源，連接其他知識有效發揮。

每章最後有總反思提問、該章要點與所有相關的網址，以便學員延伸閱讀和發現更新的知識，因為長照的知識很可能因為研究和器材不斷變化。再來是課後自學作業，挑戰學員運用知識。老師認為，學員一開始讀，也可從每章最後的要點整理開始也不錯，可以瞭解本章重點，再從頭開始。

為了幫助學員不會越讀越困惑，同時能預備好迎接課堂老師教學和實習，每章文句若用到醫學或其他領域專有名詞，即在該句就近的篇幅旁拉出名詞解釋定義，以免學員各自解釋或感覺疏離。若一個知識的學習牽涉其他知識，例如學習失智照顧要學如何與失智者溝通，同本課本另一章專門講一般性溝通，有串珠註記可以深化學習。

每次上課老師會用各種方法確認同學是否先讀過，以避免老師開始解釋，卻有些人不知道老師在說什麼，影響小組學習。若全部都讀過，則老師可以更有效的當場運用角色扮演和錄影重現的討論方法，幫助學員深化學習，而不是只是獲得一大堆資訊而已。

以下選「復能」實體課本其中的「活動和活動分析」一章為例，簡要化的介紹其文本結構：

該章主題—照片—引導提問—主題蜘蛛網狀圖—本章概要說明—知識—提問反思—知識—個案故事—知識—提問反思—圖框型套裝知識說明—提問反思—圖框型套裝知識說明—配合知識的插圖—提問反思—配合知識的比較圖表—配合知識的表格整理—摘要—參考文獻網址索引。

這簡化的結構可見，不斷要學員動腦省思是一特色。編寫的老師要花不少心思整理自己遇見的案例，按教材進度提供適切的故事，並將專業知識轉譯為學員的程度可以自學，輔以對照的圖片和照片，使學員實習前的想像更為接近臨場。

實體書每本封面內裡都有一個購買者專屬的帳號密碼，以便搭配電子書。過去，一般出版社的電子書可能與實體書相同內容。但這些長照教材的電子書有強化學習的輔助內容，包含逐字逐句全文語音朗讀，這是考慮到用眼看電腦疲勞、有許多異文化新移民還要練習語言。

丹麥失智知識中心開發給照服員專用、深入淺出的以人為本失智自學教材。這使服務提供者與時俱進增補新知識、新眼光為根據提升個案討論品質。

電子書把所有章節切開為不同視窗，容易點選、降低視覺負荷，並且可以搜尋所有關鍵字詞，便利學習效率，降低記憶負荷。每章課文文本末了，還有建議老師帶領的各種對應學習主題的操作活動與需要教具和如何進行。

另外，所有文本都可用滑鼠點選一個欄位，註記所學心得與提問，以便上課使用和日後複習。電子書還有各種學習的工具圖和實體課本的圖片可以下載，減少實體書篇幅和紙張耗損開銷。電子書還有課後作業，讓學員檢測到底學到什麼。

從以上介紹可知，丹麥教材很重視成人學習特性，善用經驗，鼓勵反思。非常重視知識之間的連貫與思考，幫助學員逐步俱備面臨實際服務現場所需要的能力。

同時，教材顯現了教育的本質與倡議，就是以人為本的照顧思維，並未將科目內容導向過度技術性、技能性，而忽略面對的是有自尊、有感覺、有個別特性、有個別潛力與資源的人，不是物體或動物。腦中有知識，心中有客戶，展現專業的榮耀，來支持客戶發揮潛力，於人生不同處境活出價值與意義。

2.5 學用合一的丹麥照服實習

導讀引言

歐洲國家長照實習，帶領實習的業師要培養過。本文業師在學校教照服員，自己也是機構上班的照服員，要知道如何引導學生。這個過程間歇性搭配課堂學習和學生自我導向學習。使學生課堂學習很有現場圖像，而現場又要能整合各種模組課程。筆者自己經驗照服員實習時幾乎沒有被問「為什麼」？就是跟著做。後來發現帶領的老師也不一定講得出為什麼，想想他們如何養成，也就不能寄望太高。未來我們如何設計實習？如何培養實習老師？

「不要講太多，告訴我怎麼做就好了」、「我不想聽教室課，我要現場實作」。這種話在臺灣照服員，甚至照管專員和個管的新進人員課程不難聽到。可能因為大家想起過去的學習經驗，希望改變。可能大家輕看了長照工作的複雜度與品質要求，也可能因為學員是成年人，有想學可以立刻能用的期待與壓力。面對這多種學員心態，如何設計實習至關重要。

丹麥照服員養成分社會與照顧幫手（SSH），和社會與照顧助理（SSA）兩種。學程進行時，逐一有不同模組主題的學習課程，每個模組數週不等，搭配模組而有臨場實習，每次實習數週不等，教室課和實習課交錯。

丹麥照服員學校的學員實習目標表。有十六到二十個學習目標，由學員與老師討論後於每天實習中安排執行。老師要看到學員能有效整合各模組知識適切用於現場。

SSH 有兩階段學程，SSA 與 SSH 有共同的第一階段基礎學程。之後，SSH 有第二學程，然後畢業；SSA 也有第二學程，但內容比 SSH 的第二學程要深，SSA 在第二學程後還有第三學程才畢業。

SSH 與 SSA 都可承擔居家服務，SSA 還可在醫院服務。對應這兩種課程，SSH 實習有十六項，於兩階段學程完成。SSA 有二十項的實習項目，於三階段學程中完成。SSH 與 SSA 從入學到畢業，需要兩年到兩年半。

在丹麥參加照服員課程，依照學員年齡和處境，政府提供不同的經濟支持，上課如上班。實習課不是學校老師自行安排，而是由地方政府衛政單位有人專責協調媒合。既然政府出錢支持學員學習，有相對的監督制度，由實習督導（Ansvarlig praktikvejlede）負責。以下說明，係遇見 Katrine Kastved 正在進行實習監督的觀察見聞，輔以從學校負責實習的老師實作與說明而來。

SSH 學員由實習督導按照學員學習進程和就近還有提供實習名額的長照機構，決定如何分配實習。學員在教室學習與自學一個段落時來到護理之家，由本身是學校老師也同時是機構照服員的 Heidi Sørensen 接待。Heidi 要與學員討論，彼此對實習的期待，然後選定這階段實習，要完成十六個目標的哪些目標。之後學員就混入排班，與其他正式照服員一起工作。

這些目標舉例，包含：「能獨立掌握住民基本生活，判斷需求」、「能按著住民的資源網路與期待，提供組織住民適合的文化與運動活動」、「能

圖右是地方政府衛生局有專責安排照服員到機構實習的人，她定期來訪視學員（圖中）與老師（圖左）以瞭解學習有無如期進行，並給予支持。在丹麥，新進照服員實習有學員薪水，在校學習和機構實習紀律要求如上班，這也確保政府投資長照教育的效能。

提供整體健康和預防疾病的照顧方式」、「能與住民、家屬及志工進行針對性的溝通，有效使用不同的溝通方式」、「學員能避免衝突暴力，促進住民的生活自決與安全」、「能創造良好連結以確保工作時身心安全」、「能進行跨領域合作來執行工作」、「能根據倫理與職業困境做出合理的選擇」等。

老師非常看重統整各課本知識的能力展現，以確保照顧品質。Heidi 老師說，「我們教課要同學先自學，或依順序，或可以從不同章節開始。然而真正面臨服務使用者，其需求不可能按著課本第一章、第二章來發生。所以我們以書面個案練習或實習現場，都要測試同學能綜合所學來運用」。課本用這種方式編，有串珠索引。實習，就是展現所學。

由於長照有別於急性醫療，許多服務的執行優先順序和方式有彈性。丹麥課本和實習都非常重視溝通帶來的自主性、安全感和服務提供者與住民合作。溝通都是正向讚美欣賞式溝通，而非僅單向告知式。急性醫療過程，病人在診間由醫師開處方，病人知道要打針，所以與護理師碰面時，護理師友善的說「請吸氣」，而少問病人「現在打針好不好」？

但長照項目多，人人不同。客戶何時去洗澡、進食或別的活動，未必有絕對順序，需要徵求同意的過程才更為人性，避免反感。目前國內有些技術考僅要求告知就隨即執行，就人性和新手學習專業素養來說，都有改變的空間。

老師在每階段開始前，會問學員本次實習的相關必要知識。例如，今日要幫糖尿病住民抽血驗血糖，老師問學員完成這工作要哪些知識？書本說了什麼？如果學員講不出來就要回家讀書，然後再來。抽血糖的知識包括不能用食指、大拇指，因為這是人用手操作日常生活最常用的兩指，若持

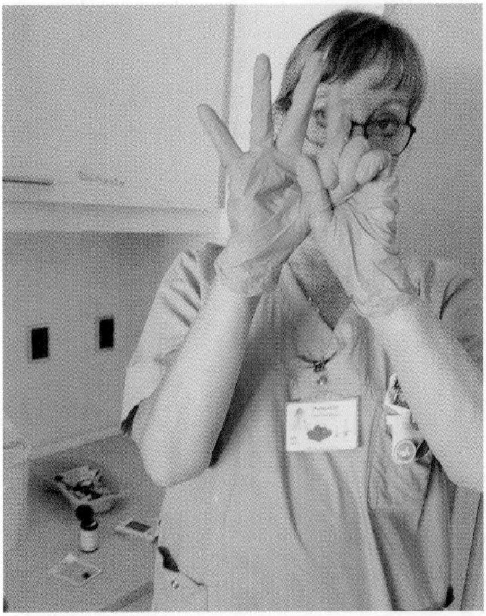

老師 Heidi 解說實習以採樣血糖為例，要求學員能講出該用哪些手指以及為什麼，才讓學生上陣。否則，「請你先回家讀書再來」。也就是確認學員實習前有無預備好基本知識。

續從這兩指抽血，可能破壞神經敏感度。即使知道用中指、無名指、小指，還要知道不要用會接觸物體的一面，而要用兩側，避免傷害神經觸摸物體的敏感度。

接著老師會問，以今天要服務的住民而言，除了測血糖技術，還有哪些其他的知識要考慮？學員要能統整先前所學來回答和執行。問完對應特定服務該瞭解的，然後執行工作。每個星期除了現場實習，還有一天自主學習，把本週學習心得與疑問書寫，然後老師看報告再討論。實習督導則間隔性來抽查，抽查時單獨訪談學員與老師，以瞭解進度和有無正常實習。換言之，這是政府投資，不可能接受「只是想學個經驗」、「只是為了自己照顧家人」、「學好玩的」而來。

為了鼓勵學習和讓學員感受這是值得參與的行業，機構預備專為實習者自學的房間，可以安靜不受干擾的學習和寫作，不會像來打工、廉價勞力或有學就好的氛圍。每次帶領實習的老師要帶的實習者，只有少數幾位，類似「手把手」，不太可能有人沒實習到一些項目也過關畢業。

筆者在現場看到實習學員除了以知識為本的操作，不僅用於判斷，也展現在溝通。學員要幫助一位失智長者從座位起身用餐，真的不折不扣的用肢體語言和表情，把手臂伸出，如邀舞一般，用友善刺激源，引導老人用自己的能力自然起身。這種柔和互動，和課本失智篇建議的如何引導失智者的插圖完全一樣，展現人的尊嚴價值，對學員和服務使用者都是很好的生活體驗。

從以上實習方式可看出，至少以 Heidi 為例，帶領實習的老師本身在學校教課，也是正在線上工作的照服員。沒有脫節問題，也沒有學校教課的老師久久才出現在實習現場的情形。同學實習的安全感和效果可以更好，隨時可以問，也看到其他人如何執行工作。

在臺灣，學校使用的工具有時不如真實職場，造成實習脫節或到實習場所還要重學。筆者就有限的參訪學習，在哥本哈根規模最大的照服員學校看到，這裡有各種才剛研發的新式輔具與設備。

國際事務聯繫者說，「最先進的設備，可能比許多機構還新」。盼望學員能將新的知識、操作理念，帶到現場分享給實務界前輩，彼此謙卑共學。而沒有一方落後現實很遠，產生互動障礙。這包含新的移位機、廚房設計、用餐輔助機器人、實習假體等。所有設備根據法律規定，什麼住民狀況，該是幾人操作就是幾人，以確保職業安全和住民安全，「便宜行事」的空間很小。

學員實習包含到機構與居家服務，能夠按著學校教育來實習，包含超過一人的合作服務，這牽涉機構與居服制度。以居服來說，

圖為失智區備餐。老師要看到學員能與同事合作達成任務，而不是自己做自己的而已。因為能與人合作才會工作愉快，成長更快。

丹麥主要居服系統是公共服務系統。同一區服務從辦公室到客戶家都很近，許多服務提供者騎單車，需要兩人一起的服務，可以通知臨近可能正在隔壁公寓的同業來幫助。臺灣則因走自由市場，一個行政區可能有數家甚至數十家居服公司，這導致同一服務區來自同一居服公司的服務提供者有限，要相互支援且穩定的合作，相對困難。所以有時變成明明最好是兩人一起合作的服務，例如移動很重的住民，卻不容易保障服務提供者安全。現階段，法律即使有職業安全規範也不容易落實。

丹麥的居家服務本於鼓勵民眾盡可能在家終老，提供的居家服務是二十四小時，早、中、晚與大夜班制，每班各有一群居服員從辦公室出發。實習者、正職工作者，能夠常常彼此見到，容易交流與相互支持，對緩解工作壓力和提升工作能力也有幫助。有些服務只是進去客戶家中換藥或穿彈性襪，因為都是就近逐戶工作，行政成本比同一區許多家競爭的總成本，或許有點幫助。客戶未必一定滿意某人來服務，可以提出要求，由居服督導協調。然而，基本養成方式較成熟，自然降低照顧衝突發生機率。

臺灣成年人的照服員班仍是照顧人力來源主體，沿用二〇〇〇年當時就急的學習時數與內容，目的是等待大學老照科系成熟能替代，甚至能替代數量達二十萬以上的外籍看戶。總時數僅一百小時上下，教室課全部上完才實習，晚近甚至有教室課改線上者，影響學習互動，和協調實習的難度。學員對現場缺少概念，且科目之間並未明確要求統整展現於實習。

此外，上課的老師和實習現場老師是兩群人，實習老師並未有完善的教學法訓練，而且因為一次提供多人同時實習，也發生學員沒學到所有項目就結業的情形。至於外籍看護，不能溝通和缺乏基本素養就上陣的不在少數。

固然我國照顧服務制度與丹麥不同，但人命一樣值錢，客戶期待有許多相似，不能全以文化差異來搪塞，更不能說調整制度茲事體大而一直守舊，導致服務品質不穩定。未來，教室學習搭配實習的方式、時間、場域，還可以更針對專業精神與社會期待，予以更完善回應。

2.6 有效能的丹麥失智個案研討法

導讀引言

過去兩年，筆者走過幾個長照機構很重視個案研討。有些是因為政府規定要舉行，也有真心積極希望改善照顧挑戰。多次觀察發現，實際上有些共同現象，包含長官講很久，真正第一線的服務提供者發言有限。或者大家各憑經驗交流，未必與時俱進的學習新知來看面臨的挑戰，所以往往結論仍採取以往的方式。或許服務提供者稍微輕省，但服務使用者可能受更多的苦，包含被束縛、孤立、增加身心科用藥。或許，以下的個案研討流程可供參考。讀者可細看差別在哪裡？

在我國長照系統服務，若服務失智者，不論是居家服務人員或安養機構、日間照顧的照服員都被要求要去學習二十小時失智在職教育。內容包含認識失智、安全看視、面對難以照顧的行為等。立意良好，可是上了課，多了哪些能力？遇見照顧挑戰，能援引所學而有更適切的因應方式？如果沒有，是不是很可惜？

政府規定安養機構三個月要有一次個案研討，包含了失智照顧議題。一般居家服務機構每月有月會可能進行個案研討，也有一部分是失智個案。展望未來，居家服務遇見失智者比例會更高，第一線服務提供者如何妥善因應，對客戶安全、幸福感，對降低服務提供者無力感至關重要。可是我們目前到底怎樣支持第一線工作者找到適切的因應之道？

其實國內社工、護理、醫學等專業都有個案研討課程養成，然而在長照實務現場，個案研討品質不一。例如，有的研討有跨域形式，實際上各說各話；有的報告個案卻沒指出到底要探討什麼問題？有的為了個案研討而研討，並未具體擬定未來調整照顧方式與追蹤介入成效；有的純因不同職位與職務而形成部分參與者不說話或不敢說話，缺乏公開、平等、透明而影響會議效果。

還有的僅憑經驗和本能說說自己的意見，並未計畫性充實新知，以至在一定的侷限內打轉難有突破。要知道，醫師們的個案研討，雖然也未必一定有很好結果，可是知識養成有一定豐富度。長照從業人員許多是在政府訂定的急就章制度下投入，養成非常不足，能拿出多少知識為本與合宜的態度，甚至熟練的開會方式來交流？大有疑問，需要精進。

過去幾年丹麥公立失智安養機構有套做法，已經驗證非常成熟有用，其實這是源自英國教授 Tom Kitwood「從失智者眼光看世界」原理轉化的模式之一。（另外挪威等國還有類似但不全一樣的模式，另文介紹）。以下是在丹麥哥本哈根市的羅森隆德公立安養機構[17]失智區護理長 Kathrine Davidsen 分享。這個機構有八個失智單元區，每單元區七位住民，每位住民一間單獨臥室，共用客廳，有中島廚房，白班兩位照服員。

17 https://gladsaxe.dk/kommunen/plejeboliger/rosenlund/velkommen-til-rosenlund

其個案研討內容與使用時間如下：

【觀念】

一 我們不能要求個案改變來配合我們，因他們生病。

——服務提供者只能從調整工作、溝通入手，以提升品質，降低衝突。

二 護理長只根據知識和共學教材提供意見，不下指令。

——由服務提供者自己決定如何調整作為。因為這樣，他們負起責任，比聽命別人更有意願、動機執行新作為。

三 鼓勵照服員選擇合適自學教材，定期充實自己新知，以使個案討論更有所本，而不是僅憑經驗與本能表達，影響會議品質。

【頻率】

每月一次。平時除每天八點十五分交班會議外，每天上午十點半，還有一個十五分鐘會議。所有當班照服員會面，對每位住民狀況逐一討論，這會議也會同時檢討上個月個案會議的決議行動。前十五分鐘回顧上個月決議執行的改變方式成效如何，之後用於新個案研討。

【研討程序】

一　兩位照服員分別報告五分鐘，一起說明同一個案大名與服務上的挑戰，他們同時參與了服務同一個案。這十分

學員於實習現場要能與同事討論，這有賴大家一起營造有安全感又友善的氛圍，這也是養成一環。

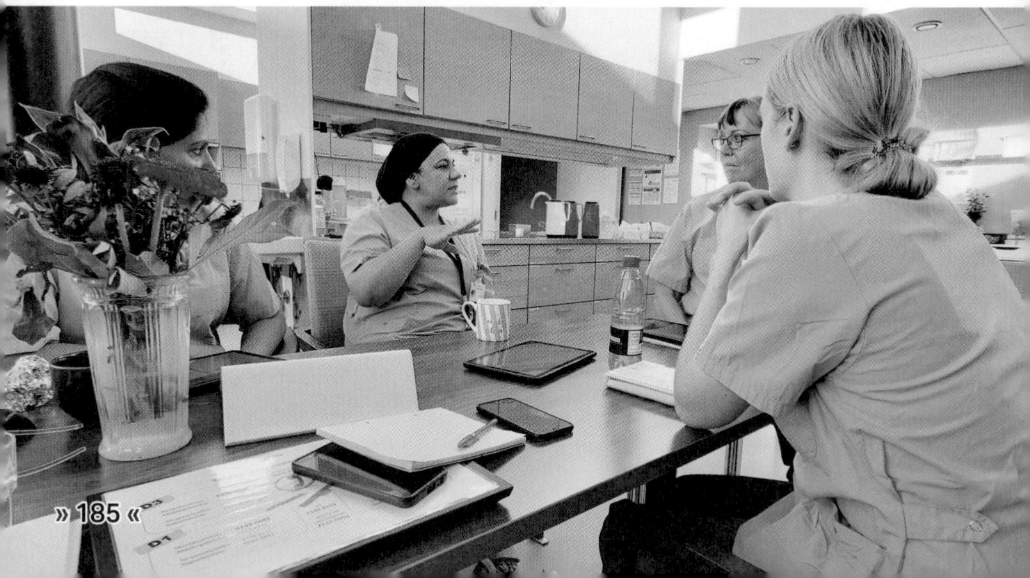

鐘不可以打斷，以免打亂節奏容易岔題，又影響報告者情緒。避免一個會議提一大堆問題，以免焦點不清或之後再來聚焦。若問題多，事前與護理長討論過濾，由服務提供者自己決定最優先的兩個問題。護理長同時用服務提供者表達的語言方式記錄說了什麼，以便護理長要表達時，更容易讓照服員覺得容易接受。

以下為進行程序，由所有參與者集思廣益提供所知和看法（通常十到十二人與會）：

二 十分鐘：
個案神經功能現況（記憶、方向、行動穩定、能穿衣否、會對別人生氣……）。

三 十分鐘：
個案生命史，入住前的故事。

四 十分鐘：
人格特質，是什麼樣的人（避免標籤化）。

五 十分鐘：

社會心理層面。包含服務提供者如何對待個案？營造什麼樣的氛圍？其他住民（鄰居或家屬）如何影響個案？硬體環境、聲音、光線與其他。這點確保員工有機會檢討自己，而非都怪個案或別的因素而有盲點，例如，可能只是服務提供者說「不」，激怒個案。

六 十分鐘：

個案健康因素。如糖尿病、疼痛、牙痛、關節炎等各種可能影響生活行為表現與情緒。

七 十五到二十分鐘：

與會者根據以上情報，設法從個案的眼光立場角度看世界。與會者大家想一想，「如果我是他，能清楚表達，我會怎麼說？或怎麼做」？

八 與會服務提供者由以上討論，列出各種改變做法，歸納出最多兩個行動提案，寫入電子檔案（一次決定太多做法，表面看很豐富，實際上可能難以持續落實），並且在未來一個月落實持續執行。每天十點半的十五分鐘例行會議時，彼此提醒正在執行的調整做法，這樣才能較準確驗證新做法介入的效果。例如有時方案是每天服務提供者某時間陪個案喝十分鐘咖啡，那就要在固定的時間程序落實持續，提案總要每日持續進行。或者，也有時提案可能是換一位服務提供者。

這種個案研討不至於議而不決，一開始就有說明到底挑戰為何？也不會只是泛泛之言交流，但還有個重要的背後支持資源，就是自學教材。

筆者於二〇二二年見到這位護理長，同一趟行程分別在這家與另一家安養機構都看到正在使用丹麥國家失智知識中心出版的自學教材，[18]包含實踐以人為本的照顧、失智者性問題與需要、失智者住民會議、實踐中的專業管理、減少失智者使用精神藥物指南、理解行為症狀和心理症狀的方法、安寧照顧。用自我導向學習來設計教材，是考量服務提供者忙碌且是成年人又有工作經驗，因而用學習者能理解接受的方式編撰。並未強迫大家閱讀，但很積極建議大家閱讀。

護理長說，「當大家開會時，很高興看到有些人因為有閱讀而提出看法」。護理長本人也一起讀，所以遇見需要提點思考方向時也引用自學教材，有時甚至委婉的提醒自學教材有些線索可參考。

筆者於二〇二三年開始閱讀這

18 https://www.sst.dk/-/media/Udgivelser/2021/Demens/Demens-haandboeger/Demenshaandbog---Seksualitet-hos-mennesker-med-demens-i-aeldreplejen_Tilgaengelig.ashx

筆者與主責個案討論的護理長 Kathrine 交流如何進行有效、有知識根據的跨域個案討論，釐清操作程序與細節。

些丹麥的教材，用來和五年前邀請挪威國家老年研究與訓練中心研發的教材對照使用。有個學以致用的例子。在一安養機構的失智老太太忽然到處嚷嚷，要參加阿公在湖光市場的告別送葬，因為已經起靈。當時現場的照服員有的當她發神經，有的忽略她，有的因為正在忙別的工作而無暇因應，只希望她慌慌張張到處走不要摔倒、不要離開機構。

正在現場的筆者首先牽住她的手，使其有安全感順便防止摔倒和放慢速度，其次問她是不是很懷念阿公？她點頭開始講些故事，然後她說聽到送葬的聲音所以一定要趕去。聲音在哪裡呢？幻聽嗎？筆者猜可能是環境裡的聲音刺激到她。她繞行後帶筆者去房間，聽到冷氣風口風扇轟轟聲，她更激烈喊著，「起靈了，要趕快去」！

因為讀過教材，教材有提到失智者特殊行為情緒表現的幾大面向，如上述丹麥會議中，有個社會心理因素。筆者開始猜測是冷氣風口的聲音，讓獨自在住房內的她混亂了現實，連結以前的經驗而這麼認為。果然，她說，「你聽，開始了，開始了，已經上路了」。這有點像本島鄉下送葬的鑼聲，筆者帶她離開那環境並和她講話，她就平息些。

繼續在住房外連通其他機構的走廊散步，不過一會兒筆者帶她回到臥房。她說，「我在裡面，你在外面，你不要離開」！筆者微笑點頭，她說要去睡午覺。筆者並沒有調整風扇聲音，所以環境並未改變，但她暫時不再驚慌。後來她又出來，一樣的情形，筆者又去因應，然後她不再發生這樣的緊張，這回真的累了去休息。筆者要離開前不經意的在她房間前的牆壁看到一張小貼紙寫住民有精神病，這真是情何以堪，標籤化且因缺乏知識而服務提供者這樣來彼此提醒要注意。讀者若您是這位住民，有何感受！

不久後在一個近百人的居服員與居服督導在職教育場合，這些學員都上過政府強迫的二十小時失智課程。筆者問大家那個起靈的故事，而且明確希望大家援引二十小時上課所學來回答。有一位回答他會問住民送葬聲音哪裡？其他清一色回答要用轉移方法來應對。

或許二十小時課程教了轉移法，然而不是所有照顧挑戰都適用轉移法。以本案來說，轉移的用處恐怕很有限，因為只要冷氣聲音還在，住民孤單一人在臥室內，很容易

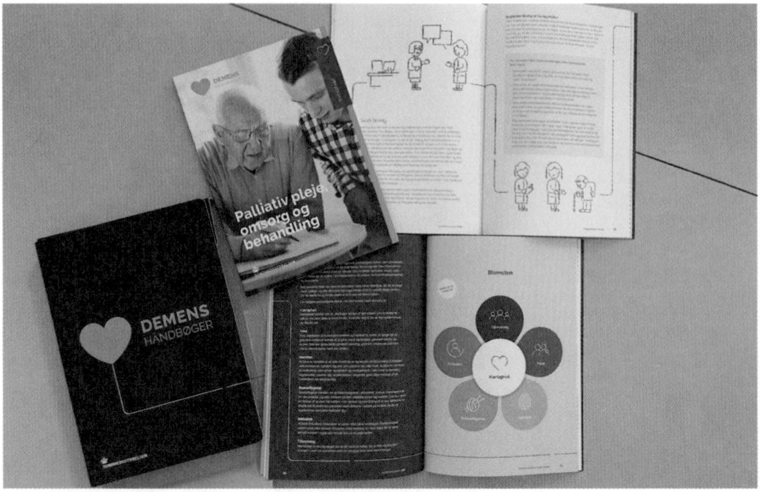

丹麥照服員課本設計，特別重視教育背景不高而學員背景差異很大的人都能適應學習。

放大了聲音的感受，會連結何種早期經驗很難說。

學過丹麥自學教材，顯然帶來更周延完整的判斷視野和因應方式，這就是吸收了教材知識的好處。因為教材真的簡明但不膚淺，所以儘管是丹麥語翻譯為中英文，讀來還是很容易吸收，而且很吸引人。

有了持續的知識吸收，加上程序規則清楚的失智個案研討方式，對降低服務提供者的無力感和降低對住民誤解而形成壓力，都有幫助。筆者與丹麥護理長交流了若干過去幾年在臺灣看到的失智照顧與訓練方式，護理長微笑的說，「二十年前我們也是那樣，但現在不同了」！如各國趨勢，我們長照的失智客戶會增加很多。以上的方式用於多位服務提供者在固定環境的安養機構，後來轉而有居家服務版本。

在丹麥，同一區域的居服員每天都會碰面，有固定交流互相學習的機會。臺灣許多縣市居服單位多，居服員服務制度如計程車靠行，居服員之間平常多半月會碰面。我們要如何強化居家服務

丹麥居服員每班出發前的會議。

的失智個案研討，同步補強新知為本，還有賴大家參考他國方式與內涵，找出適合本地運作的模式。

2.7 丹麥足部學校老師的高參與學習法

導讀引言

在臺灣，幾乎所有大學與技職型科大老師都不用學教學法。歐洲許多國家不但需要這種學習，而且很重視成人教育教學法。尤其照顧服務類學校與科系，往往超過二十歲甚至四、五十歲的學生很多，他們各有人生閱歷，這造成學習利基，有時也成為學習阻礙。但無疑的，成人學生往往不適應坐著一堂又一堂的聽講，他們喜歡更多的小組討論。一位累積多年教學經驗的丹麥老師嘗試讓學生以互相分享知識拼圖的方式，讓同學合作建構知識。在適當主題和時機使用，對學生學習時的合作、參與、維持專注都很有幫助。

過去幾年各國技職學校與大學都不難看見，老師煩惱、抱怨學生專注力不足或不願學習。教學希望有效果，是天經地義的事。但責任只有學生？都是學生的問題？當社會環境改變，只有怪學生這一種思考來看待教學挑戰？

其實離開臺灣看歐洲，在筆者親身且持續去的幾個國家，技職與大學的老師要受教學法學位或學程的養成，才能繼續任教，是很普通的，而且有專責大學開課接待這些老師背景的學生們。有了這種養成，老師不會只怨學生，老師可以學習、發展創造更多方法。

最初引導筆者知道技職與大學老師要學教學法的，是丹麥足部照顧學校的媚特老師Mette Modler。[19] 從二〇一四年認識她到二〇二三年，每次去，她與她的學校都翻新教材與教學法。二〇二三年她分享了一種考量有些學生因傳統教學法而不喜歡上學，

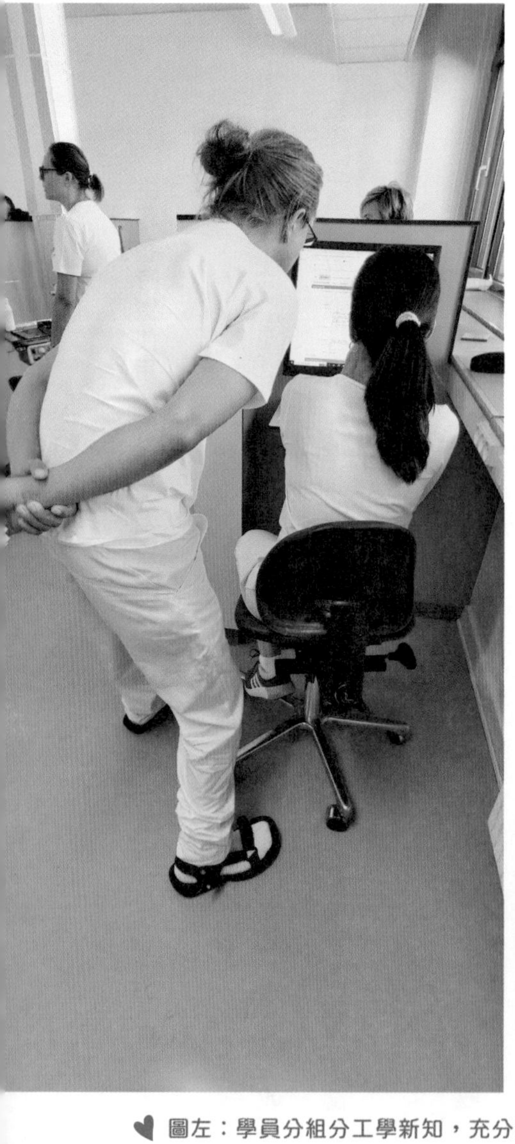

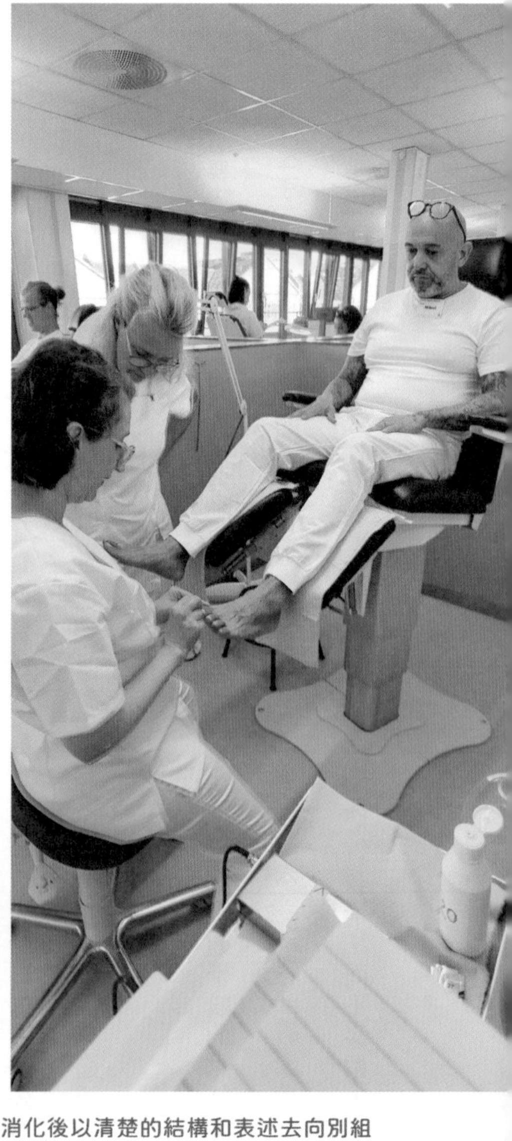

圖左：學員分組分工學新知，充分消化後以清楚的結構和表述去向別組學員說明。圖右：媚特老師在學科課程後觀察學員有無應用課本知識。

或因傳統教學法而學習成效有限的改良教學法。

以足部照顧很重要的「微生物學」感控主題為例，我們如何避免細菌散佈呢？傳統單向教學六小時，媚特老師會很疲累，學生學習效果不一定好，甚至這樣學生都緊張。她已經嘗試各種方式，知道什麼方式有效或無效。以下這種用了四年一直有效。

19 https://www.rts.dk/adresser/adresser/85-fodterapeutskolen-titangade-13-kobenhavn-n

足部照顧學校連特殊鞋墊設計都涵蓋在學員基本能力，使客戶方便看病一次解決問題而不是到處跑，這也是以人為本的服務。養成實作能力時如學理課一樣，非常看重合作學習。

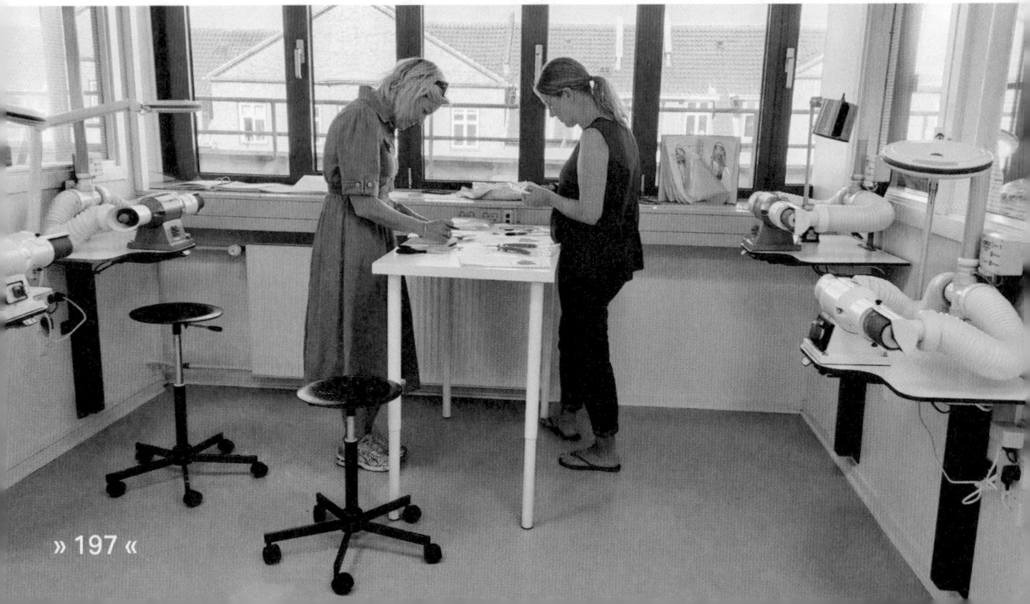

調整的做法是媚特老師先將教學指引做好，和接下來學習前小組對主題初步討論後要問大家的核心問題預備好。例如關於「如何避免細菌散佈」，全班同學有什麼想法？或已經知道什麼？

同學有的先前並不很熟悉這個主題的知識，有些已經是護理師，能表達一部分看法。有的組員先前沒有醫療工作經驗，可以說他知道的知識。

這是暖身的腦力激盪。老師請大家表達，在黑板前邊聽邊寫，有人說要洗手、善用工具隔離……。有人提到要瞭解傳染管道，有人說要重視衛生……。老師同時觀察還沒講的，以及哪些與後續研讀很相關的內容。老師寫到一個段落，會正向回應同學，剛才寫的這些，有哪些非常重要，提醒他們接下來的小組討論要特別詳細找資料和讀課本，以更深入掌握。

這段集思廣益，重要的不只他們交流彼此所知，而且形成一種分享的學習互動氛圍。在此過程，他們比單向聽講更融入學習，啟動了自身過去生活經驗、學習經驗，因而進入學習準備心理狀態。

老師接著把黑板的內容做一點整理，對應到幾個預備好的子題。例如「衛生」、「感染散佈管道」、「感染種類」，由同學分組，依據分到的主題閱讀老師預備的教材，包含網路線上的、實體課本的。同組同學不是如剁香腸再分工，而是閱讀同樣分量的主題教材內容。因為如果這時候還只讀一部分，等一下獨自去別組報告的時候很困難。同組同學都讀這組主題全部資料，討論若用這個主題向別組同

媚特老師解說如何用分組分別汲取新知再分享的成人學習法，圖為以認識足部感染源為例。

學介紹，應該知道哪些知識，將結論做成須知手冊或簡報形態的說明。

之後合作製作出主題簡報的人全部拆散，重組成新的組。新的組有來自原來各組的人，分別拿著剛才做好的簡報去向新組員說明。也就是說，聽簡報的同學們是聽到自己這組並未詳細閱讀的另一主題知識。等於大家在新的分組中相互解說、相互拼圖，學習者對於本次學習的總主題該知道的知識。簡報的意思不是拿張海報來逐字唸，而是解釋消化後的內容。

這樣交互進行後，媚特老師會立刻出許多題目，做為一位足部服務提供者該知道的，同學合力討論做答。例如，哪些感染與足部照顧有關？黴菌感染造成皮膚是什麼樣子？黴菌感染造成指甲是什麼樣子？有些問題並不是照課本背資訊就有答案，例如手套二十到三十分鐘要換。媚特會問的不是幾分鐘，而是為什麼是二十到三十分鐘？

這些題目要能回答，必須先融會貫通吸收。如果無法完成，也能掌握自己到底哪些地方不夠熟悉，他們要相互討論找答案，或再閱讀找答案。

這樣操作，若以六人一組交互分享，通常設計總時間九十分鐘，所以每人用十五分鐘說自己原來那組整理出來的。由於感控主題重要子題多，總共用掉十小時，而且一定會輔以討論後測試，但有些規模較小的主題不一定都要實施交互分享後測試。

媚特老師說，「若個人自己閱讀去理解，未必真的理解」。透過這種學習，向別人講解的同學必須思考，真的理解吸收才能講得出來，並讓聽的同學理解。傳統的老師一人在講臺前講課，不容易看到學

筆者在臺灣以丹麥照服員課本設計為例，實驗媚特老師的高參與、分組合作分享知識學習法，效果良好，尤其有社會閱歷的成年學員更明顯。

生到底理解多少。

改成由學生解說，若由一位同學在臺前向全體同學解說，可能不願意，甚至不來上課了。或者個性比較害羞，在四到六人一組的場合比較有安全感，容易練習表達，不然有的人從頭到尾根本不講話。

有的小組製作的簡報品質比較粗糙，老師會提醒，「這樣的簡報可能別人不想聽你解釋」。第二天如果又有新主題要用同樣模式做簡報，通常同學會比較警惕，不願再做沒人想聽的簡報。

設計以小組進行，表達的壓力小，互動效果好，也沒有誰是領導。媚特老師強調，這種小組互動的氛圍不是小老師教學生，若名義是「教導」，有人會害怕。若是平等的「分享」，講者與聽者的安全感、專注力、參與感都比傳統教學方式高很多。這種學習方式尤其在學期開始時很有幫助，因為彼此還不熟悉，用了此方式加速熟悉。讓媚特很欣慰的是，實際執行這種方式教學，發現許多同學比老師想像的更積極周延預備，這非常有助後續實習和未來實務工作，降低自己的風險與提升對客戶衛教的能力。

筆者回臺後在一個規模跨許多縣市的居家服務公司，對其中十五位居家服務督導上課時使用了這種方式。當天的主題是溝通中的衝突，選了一本丹麥著作拆成三個段落分給三組，並未進行媚特老師的第一段粗略交流，因為這些學員已經經過若干溝通課程，而是直接從分幾個主題開始。

過程可看見學員的確非常高度參與，從把原始素材整理的過程就要不斷討論，轉成自己的語言，又不能漏掉原來資料的完整布局。等到兩兩一小組轉去他組解說時，一人解說，另一人補充，甚至可以結合臺灣本地的法律和實務經驗，讓聽的學員很專注。

隨後筆者並未如媚特老師原始是一連串是非選擇題的形式來驗證，而以一段居家服務中多種衝突的過程讓所有學員一起看。問大家根據剛才所學，意識到什麼？剛才所學提供哪些觀念可能有助掌控甚至預防衝突？大家表達的很實在很有所本，而且引用的創意多樣，豐富了討論介入的觀點與手段彈性。

接著，筆者拿起這個連續六次的工作坊，學員最早寫好的實務衝突，由學員選擇迄今仍未大幅改善、適合今日繼續討論的問題，由大家用今日所學重新看怎麼處理，也有很好效果。之後，筆者又轉用到溝通衝突的課程，效果也很好，看得出學員必須專注，更容易記得內容而反思實際經驗的挑戰。

這部分與媚特原始流程有些不同，或許算轉化應用。但就媚特原始設計背後在乎的平等分享和促進高度參與的內涵來看，有相似的效果。

這只是媚特不斷創造改變的方式之一，她累積了很多技巧，幫助學員。例如，她只要上課就會用例子控制節奏，而且每個舉例一定用以佐證剛才介紹的知識顯然可以用於實務。這樣教，學員更容易有動機，尤其以成人學習原理看，成人學習很在意為用而學。她掌握這個原則！

在冠狀病毒後，教學挑戰更多，不論遠距還是實體，要一個班或一群學生高參與、專注、有學習興趣，老師要花更多心力。至少，這個丹麥老師用的方式，以及初步在臺灣應用的過程，看出可以讓更多照顧服務類的課程嘗試，或開發更多高參與的學習方式。

2.8 務實強化服務動能的荷蘭教育變化

導讀引言

一九九五年筆者到荷蘭萊頓大學進修，當時就有國內長輩勉勵，荷蘭教育素質不錯，給人許多彈性和開放思維。以土木工程系而言，到世界上貧困或富有國家都知道怎麼生存賺錢。這麼神奇嗎？近三十年多次走訪，包含管理教育到晚近幾年聚焦因應老化的教育變革，是有些可供參考。要如何幫助學生同理、結合理論、對社會需要有感，是各國教育挑戰。以下僅舉兩例分享，一是大學走向設計思考帶動關懷服務領域學習，另一是鼓勵新世代體會老年的學習方式。

大學走向設計思考帶動關懷服務領域學習

荷蘭北部史丹頓科技大學[20]過去十年致力實驗設計思考教育學習模式，出版專門提供社工、護理等特別重視服務照顧需求者的工具書。該校從社工系開始研發設計思考為骨幹的四年課程運作方式（design based learning），多次調整，並且培養老師們也要跟上時代，逐漸成熟。

筆者從二〇一九年逐年前往觀察學習，眼看他們一個個社會企業實驗計畫出爐，為荷蘭北部社會帶來豐富成果。從寂寞長者、弱勢者自主發展、設計失智住宅等各種服務，改變人的身心健康生活處境。還有與地方政府政策結合，直接由官員、學者和學校裡徵求來的多位跨系同學成為創新團隊。以學習鍛鍊能力，以能力支援社會找尋務實回應需要的方法，後來該校護理系與其他科系也跟進採用相似的教學設計。

基本上這類學習方式屬於高參與學習（含同學、服務使用者和服務提供者等各種關係人），而且同學在八個學期輪番持續接觸社會現場，間歇在教室聽原理課與討論，非常有圖像和有感。這樣做，希望提升學習動機，深入同理客戶，發掘問題與真相，應用到所有學科，跨領域創新改善，學習領導能力，獻身於所喜歡、適合自己長處的發展專業能力來服務社會。

20 https://www.nhlstenden.com/en/about-nhl-stenden/design-based-education

圖最右邊是荷蘭大學社工系的 Ina Holtrop 老師，帶領跨域服務設計。最左是地方政府衛生局官員，參與大學生們的討論，一起發展地方高齡政策計畫。能與人合作，成了大學育才非常重要的目標。

因為在學校大學學習就開始處理當前社會問題，而不是在攻讀博碩士時才進行。以下以社工系學生四年教育為例，每一年如何走過簡要說明：

【第一年】

一週五天，學生兩天在校學習，另有四小時志工服務。所去志工服務場所由教授提供，但學生也可提出系教授選項外的期待去處，經與老師討論同意，可以執行。才剛進科系就有接觸校外人士與社會的機會，但時間不多，也還沒投入研發，要循序漸進。

【第二年】

一週五天，學生兩天在校學習，三天在服務現場工作。全年走過四個主題模組：系統、增能、多元、包容。上學期兩個，下學期兩個，何先何後，同學決定。

去實習，用這些模組觀點看現場，然後用設計思考以因應所找到的疑問或挑戰，來發展服務。同學從系教授提供的二十到二十五種服務單位選一，一去就是一年（上下學期）。這三天包含設計思考聚集、以設計思考引導的服務，目的是四模組經由實習來領悟。教授會在三天中的一天去服務機構與正在那裡的同學開會討論作業和學習狀況，以支持學習。

【第三年】

所有同學分成三組，從中選一：社區發展、各種照顧、青年工作，學習該組基礎課程。這也是配合政府社工制度，要當哪種社工，在校要學足夠相關課程。

至於這年的選修，可以是校內、校外或國外，甚至不是社工系領域的課程，如創意治療、大賣場設計（荷蘭社工在大賣場設計空間動線與服務流程，來促進人的互動和社區交流，是很普通，可以受重用），甚至選護理課程。

這年也是藉著設計思考教學過程，讓不同組的同學，帶著各自的選修，交互支持幫助，為個人所研究的問題找更好的答案（如探索失智者行為的真正原因和怎麼辦？從開始到最後，可能發展出照顧模式和跨域合作照顧的方法）。或學到正在做的研究，下一步該怎麼辦？

【第四年】

每週四天實習，一天在校分組學習。這年主要三件事：第一、在學校的學習。老師在場，指導學生根據實習經驗來做研究，結合理論和實務；第二，認識自己。說明自己所學所想，你有什麼工作經驗？將自己這些特性整理成檔案；第三，總結評量。兩位老師主考一位同學，問學生你是誰？你是什麼樣的社工？別人為什麼要進用你成為工作人員？你對社工理論和社會問題有什麼見地（也是幫助預備求職）？

這年，老師每學期到現場看同學並有三次討論。同時，也邀請去實習機構的人員到教室來參與兩次，因為老師要機構人員到校一起參與設計思考過程。老師要瞭解機構正在做什麼研發，而學生亦協助機構研發，學生選的研究主題結合自己興趣和機構期待。大家一起學習，一同獲得好處，同學從中更深入摸索自己未來生涯規劃。

荷蘭社工系將所學應用的範圍很廣，包含青少年、社區、老年、街友、身心障、被洗錢勒索的欠債者等各種弱勢族群的人權與福祉。大賣場這樣人潮來往的地方，如何用社工知識來設計更讓人互動快樂的商場也是就業範疇。許多集體公共的生活幸福感、社交生活品

同學推演設計思考，帶回各自訪談建構的服務使用者人物誌（persona）目標族群生活共同特性分析圖，再予以整合。

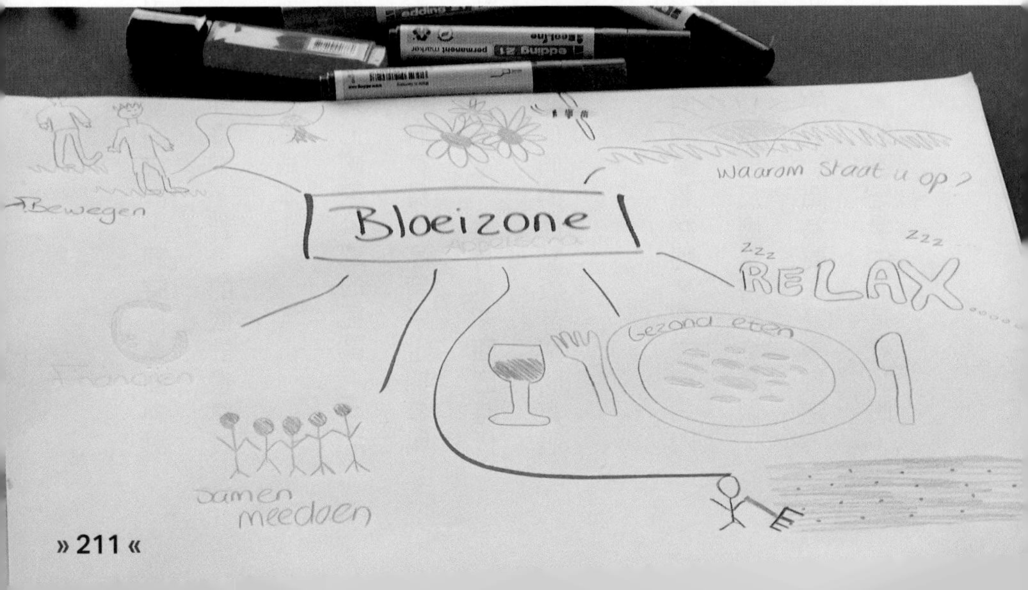

質、生活資源加值，靠大家能合作，營造良好的環境引導互動的設計，同時從多面向討論可行性，而不是都只靠砸錢，也降低因美麗描述而通過的計畫案。若真的依計畫建設好而不實際或無力維持，花了公帑還要後續使用者大改造的社會成本！

另外，荷蘭北部未來希望變成長壽快樂的地區，像世界其他國家公認的藍區（blue zone），老師與大學生直接協助開發，不只是交作業而已。政府官員也高頻率定期參與這種會議，而不是只外包預算看結果。照顧農場，在荷蘭有上千家，還有更多回應時代需要開發的服務。例如唐氏症專屬的機構，如何理解他們？從他們的觀點設計空間與服務，支持有意義的生活，發展生活機會。

不知道讀者從以上結構走一遭感受到什麼？有嗅到裡面的細節意涵嗎？到二〇二四年，國內老人福祉照顧的科系還不多，有的老師聽聞荷蘭這樣做的反應是害怕這樣做，老師的教室課大量縮減，造成老師沒有足夠課可以上；也有的老師認為要在臺灣實施，幾乎是把目前的學習體制打掉重練；還有的老師認為先要改變的不是學生而是老師們，因為這些方式有許多互動和過去的學術研究方法不全相同。

我們未來要怎麼走才能抓住青年學生注意力，鼓勵他們的熱情，看見自己參與社會貢獻的價值，或許不只荷蘭這一條路。然而，深化以人為本價值思維，並能接軌真實社會的變數與需要，考量所有相關關係人的感受，真的重視服務使用者期待，又不能忽略專業倫理價值，幾乎是所有類似科系的主張。

什麼教學設計能把握這種精神，確實需要大家找到合適的方式。但至少絕對不再是過去單向或學理實務脫節，得有更科學有效和團體參與的學習方式，幫助引導同學能合作，能統整各門知識。更重要的，能鍛鍊反思同理關懷心來結合技術學習，真的感覺自己做的不是做事而已，而是做在人的身上。

鼓勵新世代體會老年的學習方式

因為鼓勵年輕一代要多看到服務的是人，而不只是看到物與事，並希望他們對人有正面觀點開始投入照顧服務工作。一所同是荷蘭北部的高職長照、護理科（十六歲）在一年級的認識老年課程有了新做法。以往先發昏暗的眼鏡、鉛塊綁腿、拐杖等這類國內也普及的教具，目的是請大家體驗老化。

現在的做法是先邀社區活躍的樂齡族，也就是五十五歲以上到七十多歲有意願、不同背景的長者來教室。這些長者多數退休，長者都知道來這裡不是來抱

新一代長照人員培養認識老年，不再是一開始就背負失能模擬器材，而是從欣賞瞭解老人開始。這是高職老師與社區初老者合作一起和學生對話共學，彼此平等以禮相待。

怨的，而是平等、安全、美好的對話經驗，與學生混合編組分組。老師本身在長照機構工作過，也在失智咖啡活動服務過。老少一起討論後選擇可以共同討論呈現的話題，彼此分享不同年齡、世代、人生階段，有什麼不同的看法與心境。先後有四次課程，然後一起做成十分鐘的比較海報來分享，可以用音樂或圖像各種方式。

因為這種學習方式，沒有人

老人和高職長照學生用共同議題以對話和剪貼圖像交流生活想法，圖中議題是「朋友」。

能在教室分心或自己看手機，而且要學習聽人講話、與人平等溝通，如何與陌生人建立關係。由於來的長者也是有意願的志工，所以總還有熱情。當彼此分享到「友誼」這樣的設定話題，年輕人說，「原來在人數多的大學校，覺得自己被人潮淹沒，覺得不快樂。來這小學校，覺得自己被看見，

在共同創作簡報的過程，老人與高職學生有充分往來溝通以學習彼此理解，大家都跟上時代，減少刻板印象。

容易和人建立關係」。還有人提到，有些人不容易建立友誼。

長者則分享到了六十歲對朋友的期待是什麼？如何失去朋友、珍惜朋友和找到新朋友。他們也可以討論什麼叫快樂，什麼叫溝通。因為以前沒有手機，以前用郵寄卡片傳情……。「幫助」也是話題之一，什麼是幫助，要設定界線也尊重別人……。大家各自表達觀點，這對照顧服務科系有特別的啟發，因為他們的工作不斷在幫助人。要想到自己能不能勝任幫助？可以向誰求助……？這對十幾歲的人有些挑戰，在這討論中得到更寬廣的思維。

有組分享話題是「溝通的力量」。有位長者在分享時拿出作家魯道夫的詩朗讀（美麗的房屋旁有許多小孩，他們經歷年輕時的快樂……），這讓同組同學感受到，老人不只只有老，還有很多智慧、造詣，與年輕人從來不懂的事。老人補充，詩裡面不只有難懂的字句，也有許多大家能欣賞體會的。

還有位長者回憶，十幾歲時學法文，老師帶大家唱歌。學德文，經驗太嚴肅，有一次他主動把德文課改成也唱歌，德文老師後來接受了。二十年後這學生與當時的德文老師相遇，老師說記得學生的名字，因為這學生有勇氣改變老師一成不變的上課方式。

老師說，這種課程的目的並沒有忽略漠視人老了會衰弱的事實。但是可以引導同學不要只用衰弱一種觀點或印象去理解所

針對議題，同學用平板找資料分享，老人拿出古詩和高職生分享。這讓高職生理解老人不是只有身體老化，其實他們有很多智慧。

有高齡族群，還能有根據的欣賞長者，瞭解長者的世界有許多資源與優勢。他們的眼光怎麼看待幸福，怎麼思考生活的期待。

除了從建立建設性的觀點開啟老人照顧學習之門，這種討論強化了手機時代年輕人特別缺乏的人際溝通經驗。在這個安全正面的學習環境，同學可以在面對照顧挑戰前有更多機會鍛鍊人際溝通與理解人的經驗，避免用一種看法看所有老人，這比課本上寫「人的獨特」更有感。當然，同學也要學習溝通過程中的友善禮貌、口語和非口語溝通，理解別人的意思，維持良好的互動氛圍，實際上這是服務過程非常重要的素養。

人人需要好的感受，年輕人學習照顧服務也是。當高齡少子，除了不斷訴求收入和發展機會，在實際學習過程帶給學生好的學習感受，得到更多的鼓勵，補強溝通能力，使學生能清楚的表達自己，理解別人，這才可能把技術知識用得更有品質。或許，成就感也有一部分這樣來，有助更多人看到服務的本質和意義，因而願意投入。

MEMO

3 PART 導入營運

3.1 芬蘭圖書館高齡健腦活動

導讀引言

芬蘭圖書館普及率和功能多樣世界有名。對孤單缺乏社交的老人來說，公共圖書館是很好的社交場所。安全、友善、看到不同年齡的人。因著不斷策劃的活動，處處是視覺驚奇。不需要政府額外動用什麼資源，天天看到社區裡活潑的人，也感覺自己仍是社會的一部分，又能夠汲取新知適應生活。因應維持智能需要，圖書館提供空間讓老人使用，而且老人帶老人活動，相互支持鼓勵也是少子化社會很好的做法。

芬蘭西部城市瓦薩的公立圖書館一樓討論室，下午一點陸續有老人聚集。最年輕的也七十五歲了，還有些杵著拐杖來，他們參加每月兩次的健腦活動。

北歐圖書館除以國民數，向來是世界最普及地區之一。瓦薩圖書館在一七九二年開始辦理借書，是全芬蘭最早開辦的圖書館。這種重視知識服務的機制遇見超高齡社會，除了行動與借閱發展高齡友善，還開放會議室，與地方紅十字會志工合作，開始長期的老人健腦活動，民眾與協會都不用額外付錢。[1]

這種活動不需要醫護、職能治療、心理治療等醫事人員直接指導，而是由老人志工來帶領。年齡相近，生活記憶與共同成長經驗有交集。使用素材很豐富專業有趣，引用自健腦相關網路資源。[2] 根據神經學原理，包含記憶、維持運動技能、冥想、維持與提高專注力、創造與發展、自我表達。另有安養機構合力開發的記憶公園。[3]

1 https://www.vaasa.fi/asu-ja-ela/vapaa-aika/kirjastot/paakirjasto/
2 https://www.ahaa-aivotreenit.fi/
3 https://www.muistipuisto.fi/

志工按照在圖書館進行活動的需求與多樣性來選擇適合的素材。也就是說，這種活動不是開發某種活動的業者透過管道硬要老人接受，而是老人自己選。

活動程序通常志工一開始會分享一點新知，這天分享的是芬蘭國家衛生研究院推廣的finger toimintamalli，這是一個健康促進預防延緩失能的模式。[4]

研究六十至七十七歲一千兩百位老人，從年齡、教育程度、血壓、性別、

芬蘭圖書館的老人動腦共學活動，大家在回答益智題目，用到自己腦海的生活經驗。

總膽固醇、運動、身體組成等項目後發展的評量失智風險。然後有對應的多重介入防治方式，包含營養訓練、記憶訓練、運動訓練和血管疾病因子控管，希望改善生活方式得以長期維持智能。

另外民間還有各種年齡心理健康服務。[5] 近來推廣異曲同工之妙的「心理健康之手」，這是一種健康素養推廣，用手為圖像，手腕上是你的價值選擇。價值選擇例如你的日常生活價值觀是什麼？你按照價值觀生活？你的生活看重什麼認為是重要的？你白天做哪些積極的事？

五個手指頭上有吃、睡、聊天、運動、放鬆，外圍分別有五大項：

4 https://thl.fi/fi/tutkimus-ja-kehittaminen/tutkimukset-ja-hankkeet/finger-tutkimushanke/finger-toimintamalli

5 https://mieli.fi/ajankohtaista/

一 飲食營養。（你白天吃飯嗎？記得常吃飯嗎？你和誰吃飯）？

二 人際關係和情感。（你停下來聽朋友說話嗎？什麼事情讓你高興或難過？你與誰共度時光？你白天心情如何？你有告訴別人你的感受嗎）？

三 自由時間與創造。（你今天做了什麼有趣的事？什麼事令你發笑？什麼活動讓你忘記時間？網路找到什麼有趣的？對你來說什麼是美麗的）？

四 睡眠休息。（你醒來是否感覺神清氣爽？你容易入睡嗎？你什麼時候關閉電腦設備？你還在使用社群媒體）？

五 鍛鍊和傾聽身體的聲音。（你白天運動嗎？智慧型手機對你運動有影響？什麼運動帶來好的感覺？身體放鬆的感覺如何）？

以上新知有些解說討論，這可以看到健康促進推廣貫徹，希望在非醫院診所的場所能有效觸達相關對象。

然後有幾種健腦活動，包含是非題、選擇題，涵蓋各種芬蘭自然界知識。是非題，例如喜鵲是黑白的、梭子魚是一種魚、所有的玫瑰都是芬芳的、熊正在冬眠、蕁麻蝴蝶不是綠色的、狐狸在城市裡可以過得很好、貓不會喵喵叫、雲杉球果比松果大、羽扇豆瀕臨絕種、向日葵在春天開花、櫻桃並不比李子大、蒼蠅是素食主義者、蜂蜜比糖甜。選擇題，例如芬蘭最高點、最大的樹、最長的沙灘、最長的洞穴、最大的壺穴。每一輪公布答案後，都有從題目而來的生活心得交換。

之後有鼓勵表達的活動，例如拿到一張提示卡片，要能不說話而用手勢比喻來猜。筆者旁觀也受邀一起活動，雖然聽不懂幾句芬蘭語。拿到一張表達「格子」(ristikko)的字卡，筆者不斷指著天花板上的格子型日光燈。另一輪拿

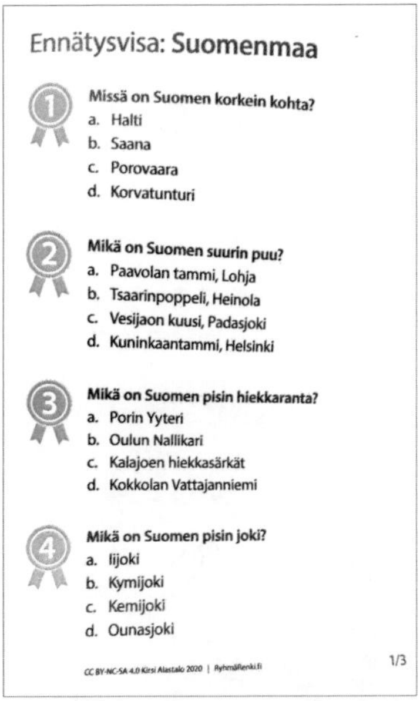
Ennätysvisa: Suomenmaa

1. Missä on Suomen korkein kohta?
   a. Halti
   b. Saana
   c. Porovaara
   d. Korvatunturi

2. Mikä on Suomen suurin puu?
   a. Paavolan tammi, Lohja
   b. Tsaarinpoppeli, Heinola
   c. Vesijaon kuusi, Padasjoki
   d. Kuninkaantammi, Helsinki

3. Mikä on Suomen pisin hiekkaranta?
   a. Porin Yyteri
   b. Oulun Nallikari
   c. Kalajoen hiekkasärkät
   d. Kokkolan Vattajanniemi

4. Mikä on Suomen pisin joki?
   a. Iijoki
   b. Kymijoki
   c. Kemijoki
   d. Ounasjoki

CC BY-NC-SA 4.0 Kirsi Alastalo 2020 | RyhmäRenki.fi 1/3

「芬蘭最大的樹是哪棵？最長的海灘在哪裡？……」老人動腦共學活動，提供老人動腦的表單都設計過，符合高齡友善原則而且視覺精美。

到的卡片是「在我看來，屬於秋天的動物是什麼」？

來參加活動的長者 Rasku Rauli 退休前在國際企業工作，曾周遊七十五國，並在各地潛水。他說，「大家希望住在家裡到老」。還能住在家裡的時候，就近有些健腦活動很方便，不需要參加其他活動而動用為了給更需要的人使用的政府資源。尤其許多人在家寂寞，來圖書館參加健腦活動，不但有趣而且很自然安全的有社交互動，這對老人太重要。

老人動腦活動由老人志工帶領，抽取卡片做聯想即席回答，大家也可以幫忙，所以沒有任何人暫時被忽略，除動腦還增加互助社交功能。

另一位退休前在瓦薩市從事市場行銷的長者 Hazze Wazeen 與太太一起來，就他所知，這圖書館至少有兩班這種活動團體，交錯每兩週一次。他七十多歲，有兩位全盲的孫子，繼續研究開發專門給全盲者玩的火車和軌道，還有盲人專屬的各種觸覺健腦器具。來這裡對他來說，有社交也可以找靈感。他甚至用自己的行銷生產知識經驗，對如何大量生產去幫助各地盲人還有願景期待，也提到，「說不定生產成本比芬蘭低的臺灣可以合作」？

還有一位長者分享，參加這種健腦活動，事前不需要準備什麼，沒有壓力。來之前也不知道志工今天要給什麼，這不會慌張，而感覺是一種驚奇，看看有什麼新的。事實上因為來圖書館，老人遇見的不只老人，還有小朋友、青少年、友善熱情有學問的圖書館服務人員。圖書館是老人最容易感覺仍是社會一分子而不疏離的場所，且十分安全，能平等的參加許多內部與外展活動，甚至幫助一些年輕人。除健腦班，在芬蘭圖書館甚至還有數位縫衣機、3D 列印設計等各種先進的知識藝術創造設備，供大眾使用。

目前臺灣的圖書館外觀越蓋越漂亮，分別屬於文化部、教育單位、地方政府文化局等，各有上司。若干圖書館開始辦失智演講，或收藏若干銀髮相關書籍。客觀來看，許多老人到圖書館以往習慣看報，但臺灣實體報紙不斷減少，圖書館服務對老人還有無限空間回應社會需要。曾有部分官員認為國內老人數位識能不足，難以用APP等線上資源推動健促。但芬蘭的觀念是平等為先，思維不是認為老人數位能力不足，而是發展的數位認知活動，必須符合所有老人容易使用！本文所列的芬蘭健腦網址有多樣性與圖樣引導，可看一下需要多少數位素養才能上手。臺灣曾有一位失智日照中心老人親口說，「這裡的健腦器材玩一次就無聊了，為什麼要我一直玩呢」？

如果衛政與教育和其他單位能統合因應超高齡社會的對策，或能更有效由下而上匯集各地看法，其實還有非常多現有且便利性高、成本很低的場所，可以促成多樣預防延緩失能的心智活動。而這些場合同步可以快速廣泛的傳達最新的健康識能，總比醫院診所看診的電視牆更積極前衛達到健康老化期待。

3.2 挪威文化中心裡的失智合唱團練

導讀引言

失智人口增加，臺灣從二〇一七年到二〇二三年成長十五倍。設地區性失智共照中心，推廣就醫、家屬支持。挪威不只看到醫療面需要，也考慮到支持人失智能維持發展生活品質。加上瞭解音樂、情感是失智者生活品質重要來源。現在越來越多失智共照中心創設合唱團，一種活動多種功能。得到愉快氣氛、相互支持、從唱能唱的歌感覺自己仍然可以掌握生活。參與者覺得自己仍屬社會，每隔一段時間公開演出，感覺有貢獻能分享。這是非常正向、以人為本的生活支持，而不是要他們去參與他們不熟悉卻是活動提供者導向的延緩失能訓練。

在挪威首都二十分鐘車程的 Lillestrøm 城市文化中心，[6] 川流不息的表演團體和練習者進出。三樓的演練室來了約百位民眾，一半的人在平臺鋼琴前圍成半圓，另一半則在後方聊天。這是每月兩次的失智合唱團練。

失智者用音樂得到快樂和刺激認知已經不是新聞。但未必所有人都希望被當成病人到一個診療室去接受音樂治療，還有很多方式可以達到用音樂服務失智者的目的。

二〇二三年對挪威失智照

越來越多挪威失智共照中心籌組合唱團來進行照顧與支持，這種風氣與實用價值已經散播到北歐各國。

顧是特別的一年，因為每輪五年已經好幾輪的國家失智政策推動，[7]都很看重各地的共照中心要落實篩檢、推廣照顧。

直到二〇二三年挪威各地失智共照開始以組合唱團來推動服務。這有賴挪威公共電視報導了失智合唱團，不但全是失智者唱，還有失智者吹喇叭（小號）伴奏。節目將發展過程以真人實境節目格式製作，同時有學術研究記錄過程，轟動全國。大家表達的不只是節目「精彩」，而是「敬意」、「感人」。[8]

在節目中，不但自然的破除刻板印象，而且讓大眾真實的看到音樂對失智者的影響，促進社會對失智者的開放包容。當然，也看到生病的沉重。觀眾看到音樂能幫助

---

6 https://www.lillestrom-kultursenter.no/

7 https://www.regjeringen.no/en/dokumenter/dementia-plan-2025/id2788070/

8 https://tv.nrk.no/serie/demenskoret

的，不單是特定的失智者，而是這麼多樣的失智者，最年輕的失智者只有四十八歲。過程中包含練習、一起舉行舞會、面對失智團員，獲得挪威「失智獎」在奧斯陸音樂廳獻唱前緊張的預備和期待。[9]

觀眾透過鏡頭，在六集節目每集四十分鐘的過程，跟著參與者起起伏伏，感動許多人。指揮Kim自己的家人也在節目過程中失智，當他的家人失智時，他是第一位向外求助的人，「我們都親身體驗失智者家屬是什麼樣的感覺」。節目播出後信箱中有許多失智者家屬寫來的信，電視臺受到鼓勵，要繼續製作新一波節目，連其他電視臺也報導。[10]

這種風潮形同社會倡議，將已經警覺到失智可以成為國安問題的挪威，帶入新的失智照顧思維。好幾個地方失智共照中心開始嘗試自組合唱團，以此讓失智者與家屬有柔性、有意義的團體活動，學習適應生活和緩解照顧壓力。

Trude Irene Solberg是Lillestrøm市的失智共照個管師，一位前精神科護理師。在臺灣，各縣市也有失智共照中心。原本的期望是邀請徵聘資深護理師擔任，實際上由於工作不穩定和各種條件，擔任者往往是醫師助理，學校剛畢業者也不少，或替換頻繁，甚至有高速公路收費員剛離職並未得到完整訓練者，所以推動工作品質不一。

Trude已經當祖母，被暱稱「好心」。因為她一方面本職是經常要與職能治療師、護理師等家訪篩檢疑似失智患者。在挪威，為了判斷精準，有疑似失智者不是要醫院診所檢查，而是地方的記憶團體（memory team）到府觀察測試，認為這樣患者比較有安全感，生活環境現場可以佐證，並與家人討論，然後把資料送往醫院的醫師。

---

9 https://tv.nrk.no/serie/demenskoret/sesong/1/episode/1 平面媒體也大肆報導。
https://www.dagbladet.no/kjendis/far-ny-sesong/80054735

10 https://www.tv2.no/underholdning/god-kveld-norge/ingrid-gjessing-linhave-uteblir-fra-ny-sesong/15970189/

此外，她還是國家老年健康研究與訓練中心專業人員跨域小組自我導向學習在當地的椿腳，負責媒合推動許多自學小組。另外，她需要到轄區居家服務單位訓練居服員，也到安養機構諮詢失智照顧。

再者，她要負責推廣引進不斷翻新的失智照顧模式，因為有效改善照顧困難，越容易讓服務提供者與家屬理解執行，才越能發揮作用。如醫師研發合併考量行為睡眠和生活史的 TID 模式。[11]

二〇二三年，Trude 策動失智合唱團練。以往她接觸的主要是醫事人員，現

兩位音樂治療師一起帶領失智者輪唱。這種活動沒有壓力大家愉快，符合失智者情感需要也善用能力，感覺仍有自我價值。

在她去找文化中心活動策劃專家 Anne Normann、音樂治療師一起開辦。模式如一般合唱團，先發聲，治療師把發聲設計成有趣的團體活動，這本身就是壓力小、挫折低的認知練習活動，主要看指揮動作，指揮用的發聲母音在接下來的歌很多都用到。

然後有大家熟悉的老歌，旋律不會太快，一句句練習，指揮用到大量肢體語言與表情。歌曲有的是兒童時代唱的，如〈拿著棍子的女士〉：謝林加和工作人員在哈卡達倫的高處，八罐酸奶油，四種品牌的黃油，就像卡里、奧拉曾經擁有的臉頰一樣。謝林加與工作人員前往哈卡山谷。那個拿著棍子的老婦人跳過了小溪，她掉進去了，接著她被淋濕了，然後她就回家了……

11 https://tidmodell.no/modellen/ 和 https://www.aldringoghelse.no/demens/behandling-og-oppfolging/personsentrert-omsorg/tid-tverrfaglig-intervensjonsmodell-ved-utfordrende-atferd-ved-demens-og-andre-psykiske-tilstander/

還有釋放情緒的如〈讓我年輕〉：讓我年輕，請別打擾我。讓我年輕，讓我跟隨，讓它停止。不懂的你，帶著你對流行的漫無目的的你，累積歲月的你，踐踏的你，在屬於我們的路上。讓我年輕，我的音樂，是為我而設的。所以播放適合你的音樂你是誰，想成為模特兒？我想做我自己！讓我年輕我會選擇我的路讓我年輕沒有你的影子。我想要自由，這是我的旋律。我想要帶走，我想要給，我想要衝過。如果你感到刺痛，是否只是因為你沉重。讓我年輕……

把歌唱熟了，指揮（治療師）開始輪唱練習。這個有點挑戰，要抓音準、要記歌詞，也是為什麼動用兩位治療師的原因，以維持團員專注。後來開始唱些早年的情歌，如二次大戰時的歌曲〈We Will Meet Again〉，講到短暫的離別。在新冠疫情期間又再次紅起來，成為彼此鼓勵。由於旋律悠揚流暢好聽，有的團員唱著抱在一起打節奏。有些人後來說，「來這裡唱歌像一場夢」。即使失憶和語言表達困難，仍然能唱出他們熟悉的歌曲，幫助焦躁不安的人平息下來。一位八十三歲的團員說，其實他幼年有參加合唱團，能再有機會參加非常高興，然後他開始重複說「幼年有參加合唱團」，表情放鬆歡愉。

這不是一般遊玩活動，而是失智共照中心設計的。不是「治療」而是活動，有一定模式，不能時間太長，大約一小時。練唱結束，指揮報告下一次要唱什麼。會都記得嗎？不一定，但是這是一種期待。然後團員與家屬一起有咖啡時間，吃傳統點心鬆餅，大家交流。

Trude說有些失智者自己來，有些是家人陪著來。目前還沒有聽說有走失的。她解讀這種合唱團的意義，認為現在各國都有失智

失智共照中心的合唱活動後備有傳統鬆餅讓大家會後交流，這也是老人很熟悉有香氣與口感的下午茶點心。

村，有的還想繼續蓋。但若能夠，最理想還是盡量不要被孤立在一個特定環境，而且那樣成本非常貴。而是盡可能透過多樣活動與生活安排，使失智者可以生活在社區，繼續享有最大程度的社會包容接納。合唱團促進這種理想，降低緊張時間，增加生活品質。即使站在家屬立場，多一點時間坐在團練廳後方看到親人樂在歌唱，不也好過一點？實際上一群失智者與家屬一起，從臺灣來的訪客有醫療人員，不相信這些人失智。

失智共照中心合唱一次一小時，不長，會後有交流，家屬也放鬆而且相互支持。

對於臺灣已經推動多年的失智共照而言，筆者有幸多次擔任地方衛生局訪視委員，從實際運作再省思挪威共照推動合唱團活動，有以下幾點看法：

一、從活動性質看，失智者判斷反應變弱，但情感敏感的特性來看，加上已經有許多文獻證實失智者可以從音樂為媒介感受樂趣，合唱團很符合需求。讓失智者運用人類被造與生俱來的能力，覺得自己可以做些事，把還記得的過往拿出來創造性運用。唱歌使人腦海倒帶以往種種生活故事，不必老是困於現在。

二、從活動場合看，使用地方文化中心而不是醫院或日間照顧中心，有一種仍屬於社會，被包容可以參與社會的感覺，而且共照個管的確協同文化中心很有經驗的策展者，讓活動流暢，甚至根據個管的想法包裝提供意見與協調文化中心資源。

三、從活動頻率看，每月有兩次，每隔週星期四進行，每次是中午一點開始。夏天假期六月十五日到八月三十一日暫停，之後繼續。創造期待，隔不太遠也不至於每週。設法達到健腦、社交、家屬相互支持的用處。失智者不孤單，家屬能交流。

四 從共照職責看，反觀我們因為難聘用到期待資歷的人才，負責案量多，設計養成的方式配合不上職務期待，有時變成行政色彩重的個管。如果合作的醫師太醫療化或欠缺開放授權，則個管能做到運用專業知識，看到社會需要，而採取創造性作為的地步尚有距離。但至少我們可以想想，還要繼續目前那種每年評鑑提供照片證明辦了幾場說明會，看些形式性達成率的營運方式？

五 從活動方式看，音樂治療師有學理，知道怎樣用音樂達到幫助維持認知的效果。鼓勵大家也隨時留意大家的反應，調整內容和節奏，這和泛泛的拿起卡拉ＯＫ唱不一樣。不過也不會很嚴肅，很懂得維持和營造良好的社會心理環境。

六 從照顧效益看，這些活動因為得到迴響而像野火一樣，在挪威各地的失智共照中心發展。其實，還有國家老年健康研究中心參與觀察研究，不完全只是熱鬧亮點而已。幾年後，就會找出比較適切的模式和建議。

七 臺灣快速布建共照資源，實際上各據點與日照中心的空間大小不一，有的很小，本身就不利許多失智者共處，甚至發生衝突，變成在職教育檢討的案例。挪威用到文化中心辦合唱練習，擴張失智者可以享有的活動空間。我們要不要重新盤點場地資源，幫助不斷增加而多半在社區的失智者有更多可能，不只在家或不只限於單一活動場地？

各國都面臨照顧資源越來越跟不上照顧需求負荷，找出一石多鳥、多重效益的社區照顧方式非常重要。挪威失智共照中心發展合唱團並不需要很大金錢成本，也沒有導入什麼複雜昂貴的高科技，卻讓失智者與服務提供者得到喘息與放鬆時光，這對我們未來共照、樞紐、長照體系的啟發為何？有待集思廣益。至少挪威失智共照個管護理師在一個開放、平等的工作文化，善用來發展以人為本的照顧策略，給了我們發揮這個職務有更寬的想像。

3.3 以設計思考落實「以人為本」的挪威新失智村

導讀引言

臺灣民眾與失智照顧專業人士有些人聽過或去過荷蘭失智村。其實歐洲許多國家在發展失智村。但隨著研發設計理念與失智照顧新知，不斷找尋新的共善共榮方式。筆者去過歐洲多個失智村，大致上如何支持失智者最少壓力挫折，最大生活自由自主和幸福感是核心觀念。因此，環境氛圍和服務提供者與住民之間如何互動就很重要，這統稱社會心理環境支持系統。不在乎豪華，而在乎同理。以下的這個失智村引用設計思考來創建，研發過程處處可見希望、人性、周延，而不是管理者導向。

一般來說，參訪學習長照，當然要與對方約好。但是到挪威公立「及時行樂」失智村（Carpe Diem Demenslandsby）卻非如此，而是臨時前往，因為看到網頁說任何人都歡迎來這裡吃飯社交。

此處原始設計與一般失智安養機構的差別，在於讓社區民眾自由進出，享有內部服務，以此方式讓住民避免感覺被孤立、疏離。如原始構想說明，「就像大家庭，而不是如醫院，偷走你想做的事的機會」。

此村背後的想法是創造一個環境，讓居民可以在安全的環境中自由走動，並有更多機會活動和娛樂。與較傳統安養機構形成鮮明對

新一代失智村很重視一部分空間開放給社區民眾來用，如餐廳。因為這樣增加人氣，讓住民不孤單疏離，民眾也能共享而不排斥這種機構，更不會抗議影響房價。

比，傳統安養機構經常被批評過於關注身體護理照顧，從而限制了社交和有意義活動空間。這裡設法將內部外部都考慮為理念實踐資源，使住民最大程度享有以前生活。

此村二〇一六至二〇二〇年籌建，花費七億三千五百萬挪威幣。內有十七個居住單元，一單元八人，共一百三十六人，另有臨時住房等其他住房，共可接待一百五十八人。每位住民臥房三十平方公尺，地面總面積一萬八千平方公尺。每月有二十日開放為日間照顧中心。為適切營運，為每位住民進住時設主要聯絡人，第二聯絡人為護理師。每位住民進住都有歡迎會，每年四次開服務使用委員會調整服務。

追求降低像醫院病房、安養機構，而是像家。所謂像家，不只住民帶來自己的物品布置臥房，還有私人住房以外的整個社會心理環境景觀。所以設計風格希望透過建築、材質、景觀、內部通路、廣場，有挪威都市也有鄉村味道。透過連續性大型簡單文字標示引導，創造失智者可識別的環境。「這個概念的一個非常重要的部分是創造可識別的地方，因為失智者經常會失去短期記憶」。設計者之一的里茨曼說，「例如戶外區域有

『水上花園』、『耕作』和『莊園』等名稱，每個區域分別有淺水池塘、溫室和涼亭等相關元素」。

硬體外，能看到像以前住在自家一樣，看得到人們走來走去，有逛街的、有消費的、有遛狗的。採開放式，要安全但不封閉。花很大心思建構像家的氣氛與生活方式，好像一般住在都市裡的一天，例如鼓勵社區年輕夫婦下班回家，去幼兒園帶回小孩，路過可以來吃飯，自然有小孩在這裡。

「在一個規則下，享有最大自由做想

失智村大廳空間有許多角落以便失智者能減少分心。

做的。外面人進來的意義是裡面的人看到更像正常的生活。例如總有人走來走去，外面的人可以進來，得到街上可以得到的服務，如剪髮」。不僅如此，要「透過內部提供的服務、動線和桌椅，使外面的人來了，感覺到自己不但是來看看，且能參與裡面的生活，使裡面的人過更正常的生活」。這讓各國追求的失智友善社區又進到另一層次。

參與設計的建築師 Johannes Eggen 自己在完工後來觀察三次，

失智村有各種隔音良好，適合不同需要的空間設計。一旁還有廚房讓家屬可以使用以支持慶生會等個別化活動。想想，如果失智日照中心或機構只有一個大空間後果如何？往往怪老人不願意參加，其實環境因素太重要。

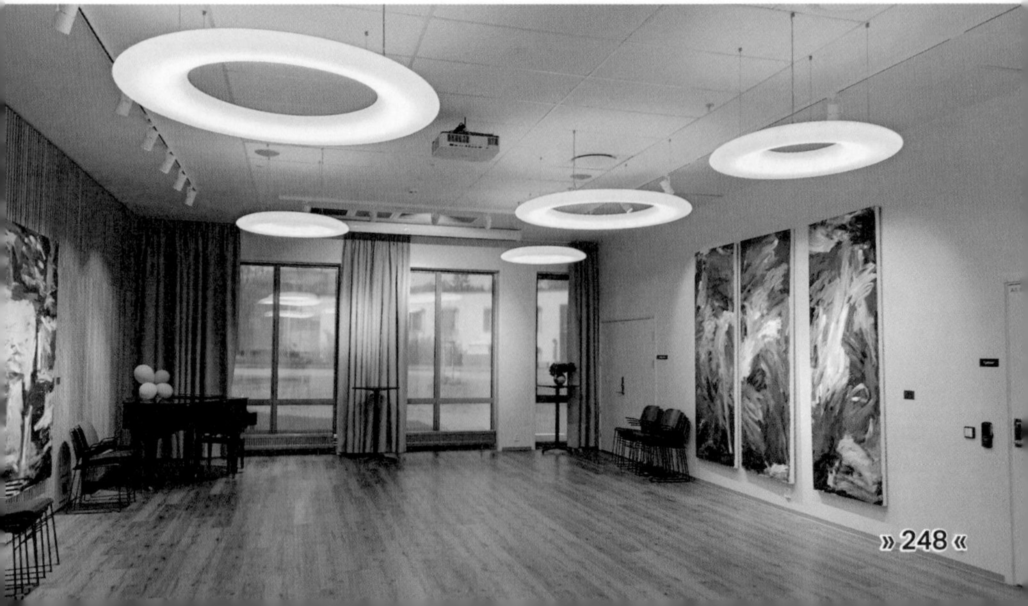

覺得「住幾個月都還有新東西可以發現，內含各種可以改善以往機構失智區實際問題的解方」。如該村網址說，「他們體驗到安全感和掌控感，同時獲得良好的醫療服務。透過居民、遊客、員工和志工的共同努力，我們可以最好地創造這標的目標。這樣，村裡的生活就會對居民、遊客、員工和志工都有好處。親屬和志工必須有機會積極參與住房社區，並利用村莊的其他優惠，與居民一起去咖啡館、購物和在村莊散步。及時行樂村應該是一個活生生的村莊，每個人都幫助居民享有住在這裡的每一天」。

失智村餐廳供餐很重視視覺設計。廚師不會只被機構主管當成做飯的「廚工」，備餐者有自我期許，提供專業創意營養衛生可口容易咀嚼的餐點。當然，社區民眾也容易喜歡。

關於裡面到底有哪些吸引人的設施和服務？室內有餐廳區，色彩豐富、採光明亮，角落不受其他桌干擾。商店出售日用備品讓住民與訪客採購，還有可容納八十人的音樂廳供生日餐會等活動，一旁有家屬和服務提供者都可使用的廚房以便配合各樣活動。

健身房每週有瑜珈課，住民喜歡。考量失智，運動加音樂。有一對多也有一對一，使他們減少一直坐著。需要自費的足部照顧、美髮間。另有圖書館，學生來讀報活動、美甲活動。支持各種嗜好的活動空間可以從事聖誕節裝飾、縫製、繪畫，內部坐椅使他們容易操作活動。還有木工房間，希望開發更多男性住民活動機會。許多設備與觸覺、舒

失智村有許多延續老人年輕時能力的操作型活動工具，不要因為怕受傷而剝奪他們的樂趣，尤其許多活動是他們本來記得的。

適有關，這對失智，尤其失智第三期後有幫助，家人來也有些地方可以使用。有些很好的設備是捐贈的，舒適澡間，浴盆架設扶手，讓住民有最多機會用自己的力量和自己操控來起身。

此村另有夜間活動，而不是傍晚一律提早吃飯上床。由於失智階段人人天天可能情況不同，要常問他們，有人可以回答。總要發現可以做的，去支持，機動配合。

「這裡十一點前沒有活動，自己可以選擇早起或晚起。所以不會清晨推或帶大家都去復健運動，因為通常大家起床時間晚，沒有人被強迫，人人獨特」！

至於要不要設生活作息活動時間表？有，而且用圖示讓住民知道。但要不斷試試別的，符合當下需要。

至於園區戶外，有菜圃、藥草園，可以參與豐富環境，邊走邊停，有自由。人人可以到外面安靜走動，減少遊走躁動問題。當班服務提供者說，「有個環境可以走動，陪他們走有助靜下來，這對住民生活有幫助。住民與家人都可以在戶外吃東西，越多

失智村內部的公園步道要有變化以利辨識，但又不會容易迷路而緊張。如何設計？需要不斷實驗。往往一個計畫後面跟著一群博碩士生投入研發。

失智村的養雞區，引導住民來此放鬆，自然多走路，沒有服務提供者限制住民來的時間或怕摔倒不准來。有的住民還會和雞講話，只要對身體、情緒和生活品質有幫助的資源都值得開發。

裡面、外面的人參與，住民越多社交選擇越好照顧」。

整個園區最角落有個雞舍，引導住民自然運動，從住處走較遠的路來拜訪雞。服務提供者邀請失智者幫雞取名，外人看雞長得相像，服務提供者與有些住民可以分辨差異。

這些雞看到有人接近並不害怕，還咕嚕出聲像講話，很能社交。失智者若是樂意，可以來與雞交談。因為天候，雞夏天在這裡，顧慮感染風險由員工餵雞。雞群通常每天生四個蛋，工作人員取蛋。挪威西部另有讓老人直接抱雞的，每個地方看法不同。比利時機構則由失智住民天天來餵許多鸚鵡。對衛生風險和生活品質取其科學根據和平衡決策，而非絕對。

雞舍前設計足夠的空間，有環狀椅子可以休息，也可以在雞舍前小型聚會。包含荷蘭、比利時與此處，都看重雞舍引導住民自行來往，健身、有樂趣、有期待。怕住民摔倒？「不！能走的就能來，不能走的自己不會來」。

服務提供者會注意，遠遠的看著。「我們不會就近看視，不會一直跟著，沒有時間這樣，也沒有必要這樣」。良好氛圍不但為住民生活加分，讓服務提供者也可以有放鬆的環境，不然員工病假增加。

筆者先前多次與荷蘭朋友而非以外國訪客身分前往位於 Weesp 的 Hogeweyk 等多個失智村，對所謂更人性的失智村有基本理解。挪威此村設立前，設計者也曾往荷蘭瞭解，對於能營造如原來住民的社區很肯定。這兩村都有商店，失智者可以來買東西，員工都不是護理師，而是真實一般店員。

但與荷蘭不全相似，例如荷蘭 Hogeweyk 臥房共用浴室，其主管認為浴室不需要每人一間，那是需要去，但不是最常生活活動地方。挪威及時行樂村還是一人一浴室。

另外，Hogeweyk 是開放式無柵欄大門，人人可進出，裡面住民感覺不到大門被封閉，這樣更有社區感。因為住民不多，門禁管理者告訴筆者，他認得所有住民，不怕跑出去。看到了，會上前引導回住處。

挪威及時行樂村是封閉式門禁，多數人不外出，因為沒有這樣的能力。有時安排外出有陪伴的活動，另有巴士旅行去戲院。當地曾辦七十人參加安養機構專屬聯合音樂會，參加音樂會要事前評估一下，看能不能坐得住。若是村內禮堂，住民坐不住就走，大家也知道可能如此而不覺得奇怪。

某些住民經評估可以自行外出，會配 GPS，而且服務提供者會確保電池前一天有充飽。狀況退化後要評估，考慮他們對內部、外部公共環境的運用能力。被允許自己外出的，定期聯繫以手錶追蹤，通常實際上走不遠。從不強迫住民戴追蹤手錶，而是與他們討論，他們同意。

此公立失智村目前積極為早發型失智者入住預備而不斷討論。接待早發型失智者，一方面引導他們做日常工作，如洗衣服、協助公共布置，避免一直坐著和遊走終日。

這個村會是未來挪威全國推廣的典範？未必！奧斯陸市郊失智個管的主管 Trude 曾受邀來此擔任在職教育講師。她認為這種村成本高，而且從在地老化趨勢來看，繼續設計更多機會直接住在家裡的政策更符合成本和民眾福祉。當然，這要看失智者狀況。但筆者綜觀挪威近二十年訪視所見失智機構演化，越來越重視社區參與，降低失智者孤單，以環境和人的互動，降低失智者壓力。同時，隨更多翻新的失智照顧知識以支持友善服務，也給失智者生活帶來更多被理解的人性互動，替代不理解而兩敗俱傷的互動。

不論一個失智村選擇哪些設施與營運，挪威及時行樂村值得注意的是發展工具。該村所在行政部門很有趣，把一套套的服務創新設計思考工具逐年放在網址。[12] 鼓勵一般社會大眾一起注意社會問題，認識新的問題改善工具，與公務人員一起努力透過對話找問題、參與改善問題。此村將相關訪談及收集歸納資料過程掛在該網路，正是一個例子，且不是泡沫亮點，而是一路做到完成的案例。

具體程序摘要如下：

對失智症患者及其親屬進行了訪談，與處於疾病早期且仍住在家裡的人進行討論，熟悉居民的員工根據特定關鍵字的範本對十五人進行訪談。這不是關於他們在失智村想要什麼的採訪，而是關於他們日常生活中重要的事情、他們早上做什麼等的對話。也訪問了九位親屬、一群患有早發型失智的人、老人中心的一群老人，還有對患者病房員工進行了兩次集體訪談。其實，這些對象就是一般設計思考計畫所列之問題改善的相關關係人。從其對象可知相當廣，但是很明確。

另外，設計者要去目前為失智者服務的單位進行考察（一種觀察形式），這是獲得洞察力的重要方法。什麼是有效的？什麼是重要的？我們需要採取不同的做法？主責團隊在該市和其他城市內部開展多次服務訪視之旅。在認為重要的條件位置，進行記錄並拍照、描繪。這些過程要留意預備訪談倫理與一般訪談的不同，以便有效收集又無傷害。這樣收集、歸納資料，找出一些關於生活價值觀的要點如下：❶舒適的家。

12 https://www.baerum.kommune.no/om-barum-kommune/organisasjon/innovasjon/metodebank/behovsfase/

❷社區互動和社區感很重要，但不要太多，有休息的可能。❸要受到尊重、尊嚴、衣著得體、自己做決定。❹在安全愉快環境中享用美味食物。❺全年室內外，適合每個人的身體和心靈的積極活動。❻需要安全感，尤其是在晚上。❼想要在日常生活中發揮作用，並盡可能照顧自己的晚年生活。

初步資料收集，接著有創意研討會。二〇一八年十月舉辦一次，共有三十六名參與者，包括政治人物、親屬、員工和志工（也邀請了企業），出現了兩百五十五個想法，被處理並分類為四個工作領域：接待、飲食、志工、活動，而這些領域又由四個不同的工作小組進一步發展。這些工作小組由來自該市不同地區、具有不同技能、經驗和興趣的人員組成。

下一步是用設計思考的精簡動腦程序（design sprint）在三週內花了五天完成。包含第一天為任務設定長期目標，釐清問題和討論「我們怎樣才能」尋找我們可以開發解決方案的領域。第二天創意發展，以迷你故事板歸納為四個階段的創意發展。第三天演示評論展示協調後概念的選擇，用故事板表達。第四天分鏡審查，制定原型計畫。對原型計畫進行第一次測試與調整。第五天對服務使用者測試解決方案，起草的處理進一步加工原型服務的相關建議。

從以上故事來看，怎麼樣發展一個新的長照服務，恐怕不是神內醫師說了算，也不是熟悉醫院護理的護理師把病房設計和服務搬來就適切。因為醫院的病房住短期，住了是因為要治療某種疾病，好了就離開。可是在失智村是一直住。服務提供者也不能只把自己的責任界定在針對一個傷口、一種疾病，或對付幾種困擾服務提供者的行為，而是全面從失智者眼光看的生活支持。不能只是不餓死、不摔倒、不逃跑、不造成服務提供者困擾！這裡不是病房！更何況世界各國的護理人員養成，對失智的學習很有限。這與急性醫療有區別，但都是照顧。

臺灣未來失智者增加很多，過去討論失智也很多，但議題層面還可以更深入。至於提供服務，不能想抄哪一個村，再看更多失智村，還有更多可能不同。這需要自己靜下來想想，到底考慮哪些因素來決定該怎麼取捨，而且必然是共同創造，無法便宜行事，也不是說必用智慧科技就可以發展出完備的服務硬體與軟體。

以上述失智村的養雞區為例，他們是鼓勵失智者自己去。我國有安養機構也有雞區，還是外賓參觀導覽者必帶去的一站。然而實際上這家公立機構把雞放在失智區與外界隔絕。失智者一天有四十分鐘被允許從住房來這裡，其他時間因護理主管怕失智者走來走去可能摔倒被罵、被告，而控制住民不能隨時去養雞區，因為「有的住民只有走九十公尺以內的能力」，甚至有的束縛在居住區內。積極的照服員都困惑，一方面派物理治療師來協助肌肉活動，二方面活動完又將其束縛，也不能自己行動。這些住民的未來是什麼？

即使在臥室區，有的房間牆壁空無一物，護理師認為，失智嚴重的不需要什麼空間視覺刺激了。這些想法還有討論空間，而區外的人很少知道原來住民的生活如此。曾有人建議，那行動能力九十公尺以內的住民或許可由照服員陪伴。走到累，住民自然會停下來，不用擔心而導致都不要走，但這要看主管同意否。有時，這也是照服員離職的原因之一。

臺灣另一機構也養雞還養兔子，兔窩雞舍是放在全機構中央廣場，養護區住民可以來自由互動。即使如此，養護區有人跌倒送醫還被醫院警告，再這樣頻繁送醫，就要追究此機構沒有善待住民。但失智區卻封閉起來，住民並不能得到養雞區自然引導維持身心功能與生活樂趣的功能。究竟我們如何從以人為本，能評估功能

小動物對行動受到限制的機構住民是一個生活資源，但如何使用和鼓勵住民享用需要服務提供者們積極的態度和發想。

而以積極態度提供最大可能的生活品質？而不是怕摔、怕有麻煩，多一事不如少一事，就限制更多？這樣真的是專業照顧還是剝奪人權？恐怕是倫理議題了。誰來鼓勵失智區主管比服務提供者更積極的學習新知，帶領支持服務提供者提供住民更人性的生活？

提高生活品質可以減少用藥，降低生活壓力。引用科技同時重視科技用於失智的倫理研發、各種服務人員的專業養成，挪威與其他國家如芬蘭已有很成熟的配套基礎，而且年年投入研究從第一線實際服務找新的觀點來調整。我們希望有更公平、更穩定的優質照顧服務，得不斷從社會需要、價值觀、發展方法、失智知識更新、服務提供者素質提升，都要同步考慮。看到挪威及時行樂村，要一直以文化差異來面對羨慕的部分而永遠說很難、很遠？還是打算從普世價值謙卑想想，如今臺灣的失智者得到什麼接待？當我們自己失智，願意接受現在的接待方式嗎？或許，這樣可以有更積極的眼光擷取一些別人發展的經驗，更有效能而人性的構築未來的服務。不要再繼續建設一大堆像病房的失智者居住地方，讓更多失智者困擾，造成更多社會成本。

3.4 人人有用的荷蘭新失智村

導讀引言

在著名的豪格威失智村之前與之後，荷蘭其實幾乎年年都有新型態的失智照顧環境出現。以下的這個農場，不但考慮失智者常見的行為情緒問題，更重要的是，開始翻轉觀念，用支持終身學習的理念，以環境配合幫助更多失智者享有生活樂趣。荷蘭近年除了醫療體系的病人照顧，另外在教育學習體系又有越來越多專家學者從成人教育、高齡教育、終身學習、自我導向學習的理念研發失智者生活設計。越多失智者得到這種生活支持，服務提供者壓力降低，對彼此都好。能走向這種進步的關鍵不在花錢，是理念進步與設計方法進步，以建設性、正面角度看人的期待與需要，而不是凡討論都是「問題」、「問題」。

失智的戴爾先生在農場花圃中，看到農場盆栽每天要澆水，可是園藝人員也要休假。他將許多廢棄的羊毛斷絮捲成粗線毛都是天然小水管，一端放在蓄水玻璃瓶，另一端導入盆栽，以自然調控水分。這樣，員工休假，盆栽不缺水也不會過多的水淹爛根部。這是戴爾失智後的自我導向學習創作，能解決問題，他快樂，員工也欣賞。失智者可繼續學習？失智者可這樣有創意做利他的事？失智者能夠整合自己以前的生活經驗發揮所長？戴爾的服務提供者克拉對訪客說，「現在你相信了吧」！

荷蘭新失智村裡的住民有機會自己動腦研發園藝器材。因為失智照顧的觀念更新，失智者的生活品質提升，失智者有更多機會按著自己的興趣過創造性的生活。

在荷蘭東部皮藤鎮的失智機構，由尤安與荷內夫妻（René 和 Yvonne van der Leest）創設。曾在醫療機構工作，照顧戰爭創傷的人，又到另一醫院精神科病房服務，累積經驗產生願景：希望創造財務平衡、提供住民貢獻能力的失智照顧環境。「我們去考察了傳統的醫療機構，注意到提供的照顧不能滿足老年人的需求。護理人員與因失智而幾乎記不起任何事情的人玩記憶遊戲，這並沒有帶來更好的記憶力，而是帶來挫敗感。如果你向人們講述已經消失的認知能力，他們會感到缺乏」。

據此，二〇〇九年創立日間照顧中心，起先接待八位，後來三十位，那時就不斷有人問何時能全天照顧，後來增加到百位客戶。二〇一四年找到一個度假村，買下來。根據失智科學新知和財務管理能力，建立一個擁有三個住房區（每區十六人）和兩個交誼區的農場型失智機構，兩個交誼廳都與住房區有點距離。交誼廳一個如大客廳，有廚房、熨斗，可以進行烹飪等活動；另一個提供比較安靜的環境，可以讀書、一起做手工。經營者說，「把美好的東西放遠，你就自然要走去」。

看到雞相互追逐玩樂，能和馬說話交流，能欣賞遠古品種荷蘭種牛，還有排球場可以一起打球。失智者的習性在這裡是，一人去做件事有趣，別人看到也有些人自動跑去。一些家庭成員通過家庭親屬網路（familienet），一個安全的交互式線上分享他們的訪問，還用於與家庭成員和同事分享活動照片，家屬安那魯看到媽媽抱小豬照片而感動。

這個農場到處是機會鼓勵失智

荷蘭新失智村把容易吸引住民的資源放在許多角落，空間夠大，所以住民自然誘發而活躍，並可選擇喜歡的活動而不是什麼都要很多人集體。尤其接近大自然，對降低生活壓力有幫助。環境壓力，是加速失智病情的主因，若設計時注意到，服務使用者與服務提供者的生活品質都影響可觀。

者發揮，[13]而且努力使庭院設計對服務提供者和服務使用者都有吸引力。無論生活還是工作，都支持住民參與，讓環境為人服務。住民一起削晚飯用的馬鈴薯和蘋果，把皮收集去餵豬，與服務提供者討論自己以前在農家的故事。做很多事都要走出住房，經驗到白天、晚上，一年四季曬到太陽，呼吸新鮮空氣。即使下午忘記早上去過也無妨，讓每個當下是輕鬆的就很好。

住民可以在住處招待朋友，也可以與朋友一起去交誼廳聊天。筆者經過時，看到一位住民歡喜的捧著茶盤，忙著要預備等一下會來訪的幾位親友。不需要別人幫忙，因為以前在家就這樣做。

創設者研究了科學的大腦和行為研究，發現戶外活動、獲得充足的日光和鍛鍊，對失智者來說是健康的。他們發現，失智者即使認知能力下降，仍然可以學習並與他人保

13 https://buiten-land.nl/over-ons/#missie

持有意義的聯繫。支持住民做喜歡的工作，就會帶來能量。有人去刷馬，有人散步去看要出生的羊。

這裡和傳統的「科技看視防逃」、「防止作怪」的失智安養機構不同。創造誘因鼓勵住民發揮能力，感覺自己仍可貢獻。維繫自我價值，得到好的感受，降低生活壓力。「生活就是收集美好的回憶。給人自由，可以降低因不自由的例行控制性照顧。失智缺乏主動，但我們每天打開他們的引擎」。照服員克拉說，有些長照機構，住民坐著，只

荷蘭新失智村的住民一起切水果後拿果皮餵豬，生活有成就、有樂趣。動物不會歧視人。

要一起身，服務提供者就緊張兮兮的趕過來問。「一般人看到有吸引力的事情想去做，自然站起來去做。人一站起來，就有人問你要做什麼？這要改變！難道只要我一直坐著？我不要一直坐著，因為我不要這樣生活。環境友善設計使我可以自由做我想行動的，不需要別人一直問、一直問你要做什麼」！

服務提供者看過很多坐著不動的失智者，但這裡的環境「讓有些人從殭屍變回普通人」，保持活躍較不容易摔倒也比較好睡。若居民自我感覺良好，就越少需要照顧。同時，環境吸引人工作與少離職，降低聘用臨時補班人力的昂貴支出。

這個地方投資十二年後回本。住民費用每人每月一千歐元以下，視身分不同補助不同。部分盈餘可用於維持費和補助住民，或者引進更多對失智者有幫助的活動，例如精油按摩改善情緒，或馬術治療。

有些安養機構怕住民摔倒或走失，盡可能限制住民行動或縮小行動空間。寫了三本新失智照顧書籍的羅德岱斯克訪視時評論，越是讓人感覺限制的空間，就越使人想衝出去，「鄉村別墅」是靠許多吸引人的活動與空間來幫助人安適於此。

即使下雨，也不因而限制住民行動。減少聽到「你不可以」，而是幫助住民穿雨衣，享受下雨的戶外行動。住房以外的空間，除了動植物區，還有下雨或大太陽時可以駐足的涼亭，可以聊天、吃點心。亭內長桌桌面故意挖幾個洞，可以掀開木板，三個洞裡面分別放了不同的玩具物品，引導好奇而打開。

涼亭天花板有住民用毛線共同縫

荷蘭新失智村園區有各種設計創造失智者好奇，而且不因下雨減少戶外活動機會。這是雨天涼亭下的桌子，可掀開，每個洞都有不同的東西「發現」，而且觸覺、視覺兼具，又不挑戰認知能力。

製的彩繪拼布天網，現在有鳥在其中築巢，又增加住民在此的樂趣。服務提供者說，「有人習慣重複性」。善用，可以創造毛線方塊，感覺「這是我做的」！一種幸福感與自主自尊。幫忙家務不是消遣，而是有用的工作。這些家務活動已融入日常模式中，例如定期餵動物、每天倒垃圾、削馬鈴薯皮或洗碗，因為這是你的責任。這種工作賦予生活意義和目的，你有角色，你沒有被漠視，不是多餘的，而且可以繼續學習。

荷蘭新失智村園區不因下雨減少戶外活動機會。這是雨天涼亭，上面的毛線方塊是住民一起學習、創造而完成的，有歸屬與成就感。後來鳥自動來築巢。

羅德岱斯克表示，以往許多人認為失智者能力隨病情不斷衰退，現在看法是提供適當的學習方式，他們可以學習適應生活和貢獻他人。以往失智照顧重視培訓服務提供者，羅德岱斯克提醒，「為什麼只開課給家屬而沒有給失智者呢」？他看到失智者甚至比一般人更專注，例如線上學習，只是要設計適合的內容。

服務提供者職責是幫助失智者學習。始於思考為什麼失智者這樣做？為什麼生氣？生氣，往往因為挫折。幫助失智者要學習從觀察開始，不僅老是討論何時有這樣的行為，更可以思考何時（情境）就沒有這樣的行為？要比較不同場合的行為，想想他們為什麼這樣做？然後想方法轉變，例如從必須包尿布到重新學習去上廁所。從生活自理到服務別人，還有很大發展空間。

機構的說明指出，一個很好的例子是雞蛋的儲存。一名員工將雞蛋收集到自己的雞舍中，然後帶到廚房。工作人員請求一名居民清洗雞蛋並將其放入盒子中，居民並不把雞蛋放在盒子裡，而是放在碗裡。員工解釋說雞蛋必須放入盒子中，並演示如何將雞蛋放入盒子中。居民立即模仿，將第三個雞蛋放入盒子。員工說雞蛋必須放在蛋盒各凹洞裡，所以他就這麼做了。自動記憶也可用於失智者，以咖啡機為例，部分動作本身是不會很快惡化的例程，因為它們是在意識記憶系統（海馬迴及其連接）之外進行處理的。失智者可以拿起過濾器，倒水並按下按鈕。他們覺得有困難的，就是利用他們的意識記憶將這些部分行為拼湊起來。學習的方式與沒有失智的人不同，他們除了自動記憶之外還使用有意識的記憶。當我們學習一項新技能，比如如何使用一臺新電視時，我們要閱讀手冊並使用它，要嘗試直到我們掌握正確的方法。

如果這不起作用，要尋找一些內容並重試，直到找到正確的管道。記住手冊中的內容，然後保留在工作記憶中或存儲在長期記憶中，並且從我們已經犯過的錯誤中學習，是因為我們可以主動從長期記憶中檢索這些錯誤。只有當我們掌握了整個動作時，它才會變得自動。

失智者無法利用他們的意識記憶來做到這一點，他們知道部分動作，但不記得手冊上的內容，並且在反覆嘗試後，也不記得以前出了什麼問題。因此，他們在學習時需要指導，否則就會出問題，這種控制還應該確保學習過程中不會出現太多問題。畢竟，學習過程中出現的錯誤已經無法被有意識地記住，但有可能這些錯誤已經被自動存儲起來。從錯誤中吸取教訓，這句話並不適用於失智者！這些錯誤實際上會造成混亂。因此，在失智者學習新技能時，可以更有效地防止錯誤的發生。

這個機構聘用服務提供者採很開放的想法，不限護理與社工。機構招募時看重同理心，喜歡照顧住民和遊客，擁有豐富的專業知識，注重細節，尊重個性和隱私。工作人員必須具備良好的溝通能力，性格穩定，散發大量正能量，引導居民和遊客，讓他們的生活充滿樂趣。

除了克拉來自高齡學習背景，還有來自服務業和酒店行業的。除老闆，全部服務提供者都是一樣工作職責，沒有階級之分，與失智者共同創造生活。看各種可能而非不能，常常要想到「當我自己老而失智，我希望如何」？能一起貢獻是感覺好的來源，人會快樂。「人失智想要控制一切得到安全感，在花園發想與創造，使他經驗到可控制自己和環境」。老闆看重服務提供者對人的興趣，如一位員工用荷蘭俗語表達，「我希望成為居民快樂蛋糕上的一搓奶油」。

克拉說，整個園區都奉行「無挫折學習」理念，幫助失智者過日常生活。「我們要鼓勵失智者學習，服務提供者不相信失智者能學，就不會往這方向看」。這個機構希望失智者感受到世界不是越來越小，誘發失智者活動，聽不到人對他們說，「你不可以這樣或那樣」。減少過多醫療與用藥的抱怨，盡可能保持在輕微階段，激勵他們行動以降低需要的幫助。使人喜歡來這裡而不是必須待在這裡。照顧，不是把有行動能力的折騰到沒行動能力！

失智者也有行為情緒需要支持的時候。住民米甸喪偶，以前最喜歡的事之一是等公車去找太太，入住後常擔心錯過公車班次而焦慮，四處遊走發脾氣。農場設站牌，米甸常常站在站牌旁，減少焦慮。這個站牌，每天真的有兩班車經過，是園區復康巴士。巴士兩側的圖案，是Happy moment for everyone的標語而不是復康巴士。站牌的位置和黃色塗繪方式及高度是根據米甸需要而設計，發揮作用。

走過米甸身邊，克拉小聲地說，「這裡不會有人一直問你去哪裡？你在這裡做什麼」？服務提供者一直問一直問，失智者也會很煩。環境使失智者不需緊張到處找東西，這樣他無謂的消耗體能，但能有各樣喜歡做的事，使他好入眠。

為了豐富生活，園區與花店結合，可以取用剩下未售出的花。失智者重新整理美化，放在交誼廳。怎麼插花都沒有錯！克拉說，「服務提供者不一定要說這是什麼花，有時這並不重要」。當失智者問什麼花，擔心忘記。服務提供者若為減少失智者焦慮，也可以選擇說「我也不知道」，而不說「我知道」。

園區有幾個足球場大，不怕住民走失。克拉說，「失智者能學習走回自己住房」，但需要時間與耐心引導，包含大量非口語方式。根據無挫折學習原理，在一條路擺設一些標誌，一開始先陪住民走，建立新的行動習慣。花園有小矮人指路，像原來一般家庭景觀，善用回憶和不感覺犯錯的設計原理，用記憶定向。

保持走來走去，心臟、頭腦、血液循環都有幫助。一條路住民走五十次，後來就這樣走。每天走這裡，可以信任住民這樣走。一開始學，要設計到確認到他們走一樣的路，不要等他走錯，那就破功。

克拉提醒，年輕人的學習有嘗試錯誤，老人學習就是一直做對的，無法做不對的。「這用了和幼兒園小朋友學習，相似技巧來幫助學習。不是你要記得這個那個」。用失智者腦中的知識能力，給他們啟動行動需要的支持。

一旦人們在照顧區停留或生活，就會熟悉日常生活。失智者無法再透過有意識的記憶來學習，要透過逐步解釋、演示和重複任務來完成。盡可能防止犯錯誤，而不會導致居民或訪客糾正，服務提供者要不斷嘗試調整。

園區大部分地區有圍欄，但不像限制人的設備，也有GPS導航。萬一有人走得遠，服務人員用邀請住民回來參加活動的表達方式引導回園區，因為員工流動低，住民認識他們或接受他們的機會比較高。護理專業人士常常需要想，如何發揮引導住民？服務提供者與家人協商如何帶來更多樂趣？他們就無所顧忌的更敢做。告別無意義的護理，使不想再做護理的人重回護理。服務提供者在此理解為什麼要從事醫療保健工作，感覺能為別人提供幸福。

荷蘭新失智村園區的失智友善設計。冠狀病毒疫情要隔離一些確診住民，又怕他們不知道為什麼而緊張孤單，甚至想衝出去。管理者把羊和圍欄放在隔離區外圍。這樣，住民根據自己的生活經驗覺得羊的外圍有柵欄很自然。他們看到羊很安定，因為這是荷蘭最常見景觀，所以比較便於服務提供者管理染疫者。

冠狀病毒來的時候，有些住民確診需要隔離。服務提供者考慮到失智者不見得都瞭解怎麼回事，可能焦慮。就在隔離區外圍設置羊圈。在荷蘭人眼中，這柵欄容易被當成是為了羊而設置，比較容易接受。其實是柔性的隔離方式，「我們不想築圍籬圍人，但我們給羊四周築有圍籬」。

如果你能在認知能力下降的情況下保持人的尊嚴並感到自己有用，那麼你將擁有一個相對幸福和平靜的人生終點，不必繼續搬家到更擠的機構或者轉去安寧病房。這裡最重要的價值觀是自由、活力和個性。二〇五〇年荷蘭將有多達六十五萬失智者，實在需要及早預備更人性、可行的照顧模式。二〇二三年後 Rene Yvonne 引進照顧科技，可探測住民冰箱門打開的次數，說明自己照顧自己的情形。測量住民運動頻率，可以看到人的活躍情形，或預測某人是否需要幫助。

或許，其他地方這樣運轉，也可帶來更多「現在你該相信了吧」！的新照顧風貌。

3.5 以人為本的丹麥照顧機構——「茂盛花園」

導讀引言

重視長照機構住民主觀生活價值和員工身心健康，是丹麥許多安養機構努力的目標。隨著科技發展和鼓勵從住民角度看世界，不斷開發新的服務設計。以往失能到不能住家裡的來住機構，現在觀念是來住機構情況改善也很鼓勵繼續回家居住，因為居家服務體系提供更完備的服務支持人在家。所以機構有時是一直居住，也有的專門設計為中期照顧或急性後期照顧，以下這間就是。但顯然的，不是病房化，而是盡可能提供接近像家和練習重返家裡的生活方式。

在照顧人力短缺、工作負荷變重、鼓勵支持人盡量在家老化的時代，仍有些人不適合住在家裡，或暫時不適合住在家裡。這時，安養機構有些幫助，機構提供二十四小時的服務，改善部分民眾繼續住在家裡的風險。但人不是石頭，也不是一般動物，如何提供良好的互動，支持住民生活品質，使住民感受到身為人當有的尊嚴，就看機構如何經營。以下介紹參訪丹麥機構見聞，在距離首都一小時火車車程的「茂盛花園」急性後期護理之家。[14]

「茂盛花園」長照機構，有十二個住宿單元，每個單元有十二間住房，一人一間，其中有二十四間為暫住房。一如其他行業，丹麥重視職業安全和客戶福祉。花園之家從設立前就廣徵民眾與專業人士意見，動土時特別使用四把鏟子焊接成一把「排鏟」，政治人物一起持有來進行儀式，象徵共同決定與合作發展。該公立機構成立前有地方各界代表一同訂定營運理念和員工服務核心價值，以便與時俱進的讓機構營運能從服務使用者角度跟上社會需求。四個營運理念分別如下。

14 https://plejecentre.slagelse.dk/plejecentre/blomstergaarden

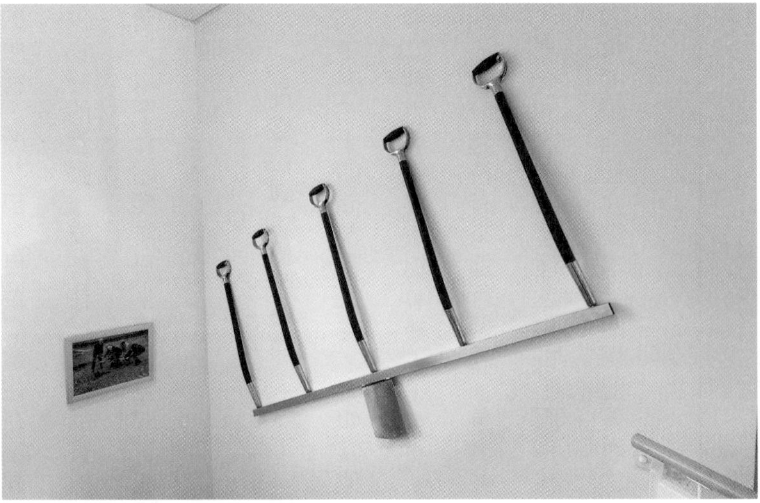

丹麥急性後期照顧兼社區喘息機構動土時所有鏟子連在一起，提醒這是需要大家平等合作才能成事。

當時地方首長、民代一起動工的照片。

一 **盡可能的樸實**：有機會創造居民想要的日常生活，盡量像住民先前在家的生活方式。

二 **美麗和諧的環境**：護理中心周圍環繞著美麗的大自然，佈置了幾個較小的花園，其中有舒適的小角落和小徑。

三 **私人生活受到保護**：私人住宅被設計成一個在需要時可以隱居並做自己的地方。

四 **良好的社區**：住房單元和公共花園有助營造新的友誼和執行日常，為住民建立社區生活基礎架構。服務提供者的四個核心價值觀分別為清晰、能力、勇敢和快樂。

機構主任克莉絲坦希望大家常想到這些價值，所以在主要通道擺出這些標語。為了有效提醒，她偶而會故意把這個海報板取下，成為一片奇怪的空白牆，好像少了什麼，目的是讓工作人員覺得不正常，而想到核心價值。

一樓是員工辦公室和工作人員更衣間與洗澡間。更衣電腦化，工作人員下班脫下的工作服用電腦掃瞄後丟入同一洗衣籃。洗後送回個人專屬衣櫃，避免弄錯，且人人隨時

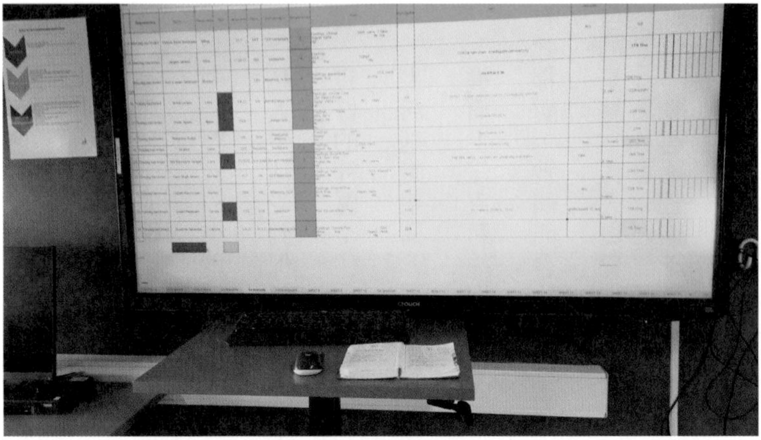

丹麥急性後期照顧兼社區喘息機構有顏色管理分類表，讓不同班別與剛休假回來的服務提供者能最快掌握狀況，這對住民流動很高又有些人特別需要注意的機構很重要。降低風險，降低服務提供者不確定感的壓力。

丹麥急性後期照顧兼社區喘息機構的照服員更衣區，所有制服都有條碼，送洗和送回不會拿錯又維持感控。

有足夠又容易取得的乾淨工作服。

二樓有住民房間、廚房、辦公室。辦公室內有大電腦螢幕牆，用綠色、黃色、紅色標示住民狀況和前班紀錄與主要服務提供者。這使交班前後所有工作人員很容易看到自己責任區所有住民的生活情形。

這裡有中央廚房也有各住宿區的廚房。中央廚房儲存大量食材，配有多種冷藏設備的冰箱，將營養品、泥餐、其他食材分開。其中泥餐由機構工作人員自行研發調製，顏色、黏稠度、外觀、均質都有考量。所以在住民區每到用餐時間就不再有攪拌機的馬達聲，這對失智者情緒穩定有幫助，自然降低服務提供者壓力。

住房一人一間，而不是多人集中，內有升降彈性的洗手台，以配合不同身高和身體彎曲的住民，降低跌倒機會，確保動線有助完成如廁後清潔。服務提供者解釋，一般醫院病房設計不會是這樣，這裡住民的房間甚至還有洗衣機，一切是為了訓練回家的生活能力，所以臥房和浴室都是盡量設計成一般居家的環境設備，讓住民方便單獨不斷練

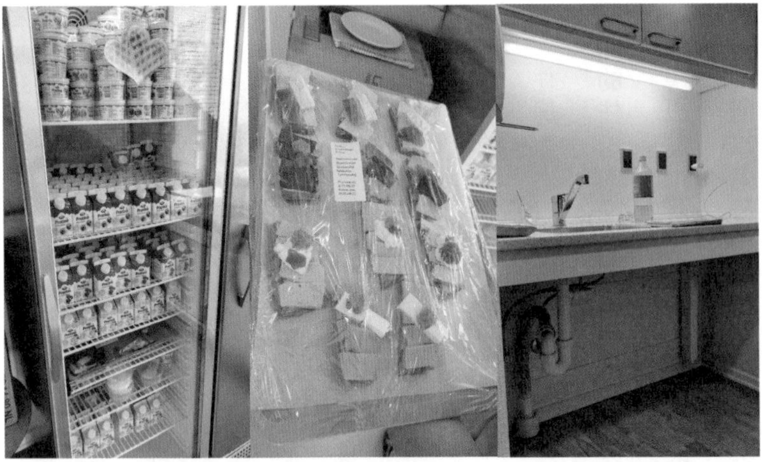

丹麥急性後期照顧兼社區喘息機構廚房。左為營養品專屬冰箱。中為軟食，這不是外賣半成品送來等加工，而是員工自行研發。右為可調整高度的職安平臺，適合不同身材工作者。

丹麥急性後期照顧兼社區喘息機構住民個別浴廁。為什麼設計這樣？因為包含返家前一切回家後要獨立自主生活使用的都要有，才能方便急性後期照顧生活復能練習。這就不是一般病房式機構了。

習。也就是既然希望人人能負起自己照顧自己的責任，就要營造充分的環境配合支持這樣的照顧理念以便專業引導，服務提供者和服務使用者大家開心。

住房區有共同客廳。用餐區採中島大型廚房設計，有洗碗機。住民能聞到餐食味道，但不至於散不了，因為不是所有住民都喜歡烹調的味道。住民若想參與備餐，很容易有足夠的空間和設備支持他們投入。

二樓有陽台。筆者去的時候遇見有人要抽菸，服務提供者協助走到陽台。然後服務提供者拿起特殊的防火圍兜套在住民身上。這是為了避免住民手被香菸燙到或引燃住房。照服員 Heide 解釋，「照顧」很

丹麥急性後期照顧兼社區喘息機構的照服員 Heidi 示範使用住民抽菸專用魔鬼氈防燃圍裙（rygeforklæde），背後的意義是以人為本、支持住民生活價值樂趣。

重要的是，從誰的角度定義生活品質與生活幸福感。健康促進的學理認為吸菸有害，機構也不鼓勵吸菸，但若有住民覺得吸菸是樂趣，則服務提供者要想到尊重住民的想法。一方面提供多樣生活樂趣降低吸菸頻率，二方面支持住民得到主觀認為幸福的日常活動。

為了與家屬有良好互動合作，每個照顧區每年有四次家屬會議時間，都是星期三，所以家屬很容易事前掌握以便配合。平時，每個照顧單元都明確的有一位聯絡人。這樣，家屬不會找不到聯繫者，也不會因為打電話來，大家都忙，家屬一下子不知道可以和誰接洽。

機構外的空地有一大片雜草，其實不是雜草，而是為了創造新的多樣生態，所以由生態與自然專家設計，以多種植物組合，吸引多樣的昆蟲，成為生態豐富的花園。花園旁有獨立房屋，如會議室，裡面安靜單純，有簡報設施。這是專門考量實習生自習需要而設計，希望感動實習生而願意投入照顧行業。

這個機構的照護比和臺灣的標準相似，並無特別。但非常重視服務提供者之間的合作和相互幫忙，以降低照顧負荷。

為了保護工作者身心兩方面的職業安全與職業幸福感，除了還在學校時的教科書就詳細介紹什麼叫職安和如何注意職安。這裡還有職安APP，任何基層員工在照顧現場遭遇霸凌或壓力，可直接用自己的手機選擇情緒符號和情緒等級，主管會立刻收到酌情處理。主任說，「因為缺人，如何留住服務提供者很重要」。如果工作環境不理想，容易發生病假的人增加，這直接影響有上班的人更辛苦。

丹麥急性後期照顧兼社區喘息機構的院子。看來雜草多，其實是生態多樣刻意設計。希望引來不同物種動植物，豐富四季生態。

這套機制名為「我的工作日」（My Workday），在管理任務格外複雜的團隊中特別有用。當機構有許多員工以三班制運作，又有遠端管理，是在複雜情況下與住民合作的服務事業。例如，在居家服務、身心障安養機構，希望組織使用該解決方案，因此體驗到更高的幸福感、更好的員工保留率，和更低的病假缺勤率。[15]

以下進一步說明營運管理細節。這裡住民有相當流動率，有些剛從醫院離開，還不適合回家，有些是配合社區家屬喘息，家中需要長期照顧的人可能來此暫住一週。服務提供者要輪班，常常可能面對新來住民。讓環境有醫院等級的照顧支持資源與機能，但是氛圍又不是病房，盡可能接近居家環境，以便剛出院的住民能在此學習適應，回家後重新生活。暫時來住的住民，則降低環境變動產生的壓力。這樣有助所有人在這裡能適應得更好，當然也降低服務提供者的壓力。

前面提到的綠色、黃色、紅色顏色管理機制，照服員 Heidi 解釋這構想有點像交通號誌，在員工管理和住民管理都用到。

關於員工，人人可以自評選擇每天工作的心情是什麼顏色，表達於電腦系統。標示綠色表示情況很好，可以註記好在哪裡；標示黃色的有點不好，可以說明不好在哪裡；或有些天點選了紅色，可以寫評論為什麼今天是紅色。機構有人專責關切員工的工作環境職安，這種代表會定期檢視這些員工情緒反應統計表。如果老闆覺得每天這裡都很好，是很棒的工作環境，可是員工填的 APP 不是這樣，那就要由職安監督者出手設法保護員工。所以，這個 APP 不是讓老闆用來控制員工的。員工受到保護，才能有良好的職場生活與服務品質。

由於員工知道這個機制設立的目的是為大家好，所以大家每天要填這個不會感覺又多了一項文書作業。機制只是按幾個按鈕或簡要填寫而已，不需要像其他問卷填很多意見，花很多時間。

15 可參閱 https://teameffect.io/vi-skal-blive-bedre-til-dialog-og-forebyggelse/

Heidi拿出手機舉例，有位新進員工選了綠色燈號，並且簡要寫了「昨晚我在D 2棟工作時我得到支持。因為Heidi和蘇珊給我許多環境解說，所以我能順利進入狀況」。而Heidi則有個欄位可以用語言文字或符號回應，這有助良性互動。Heidi形容，「這是讓員工之間可以互相拍肩膀彼此鼓勵」。

至於管理住民，在員工區牆壁的大螢幕有動態呈現的顏色分類表，每天甚至每小時都可能不同。這個營運表顯示所有住民什麼時候住進來？為什麼住進來？在哪個房間？叫什麼名字？如果是家屬喘息而送來，住多久？備註家屬什麼原因把家人送來？例如去西班牙看兒子兩週。也有的只是家屬照顧失智者很累需要休息一下，可能失智的太太來

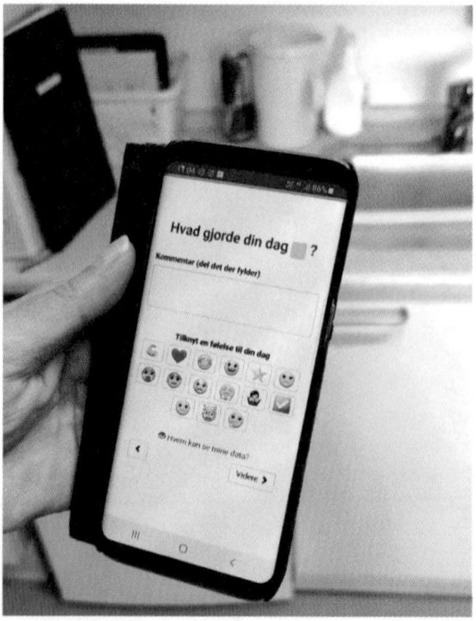

丹麥急性後期照顧兼社區喘息機構，重視職安，而職安包含心理。這種APP每天都輸入情緒和分享，確保員工快樂以維持照顧品質、留住員工、減少病假，也降低調度困難。

這裡住三週，辛苦照顧的先生可以休息三週。或另一位是太太天天二十四小時照顧先生，可能要休息一週。

還有些是因為要復健而來住的。例如摔斷腿或髖骨的，在醫院做完醫療部分，如手術或其他照顧，進入穩定狀態，但還不適合回家。繼續住醫院的成本太高，因為醫院有排班醫師和所有二十四小時密集照顧。有些人可能已經不需要這樣的環境，但是立刻回家，民眾要常常雇用計程車去醫院復健，或政府需要派復健人員密集到府，也都是另一種高成本，所以使用這個機構，有需要復健為主的環境。

復健表示許多不同的目的，不只來練行動，也可能是住院臥床太久等各種原因造成肌少來此增重；中風偏癱後來學習刷牙的、如何自己吃飯、來學習從床上移動到輪椅的。除喘息類、復健類、還有一種是安寧類的，大螢幕不會寫「快死了」，而是用專業語言表示，例如緩和醫療。

Heidi 說，「這樣對任何時間來接班的服務提供者很有幫助，得到全院全區當下概況」。服務提供者就瞭解如何給藥，或有些人失智，可能隨處行走跑錯房間，或到底多少人需要什麼服務。

同一大螢幕除標示這些住民背景外，搭配了四級分類註記。第一級是可以自行進食、如廁與行動等基本生活需要。隨等級增加，需要的照顧越多。如果服務提供者來接班，一眼望去概況，看到當下第三等級與第四等級的比例很高，就知道今天要比較辛苦了。哪些住民今天需要兩位服務提供者一起去協助，需要用移位機、需要協助餵食、如廁或協助喝水。

丹麥急性後期照顧兼社區喘息機構的照服員 Heidi 一來上班就可以知道今天的負荷和重點。因為浮動的螢幕不只班表，而且有許多住民最新註記一目了然，不用交班會議等前班的人花時間朗讀紀錄。

在以上這些資料最後欄位，標示紅色的，形同警示。意思是剛從醫院來或即將去醫院，非常不穩定。有些剩一個腎又要洗腎的，雖然可以自己走路也被歸紅色。綠色的表示有病，如糖尿病，但得到照顧而穩定。黃色標示的是有些事情要注意，例如需要確認喝多少水，需要註記的。

大螢幕顯示的資料，也幫助服務提供者心裡有數，哪天要打電話給家屬或聯繫居家服務單位，或轉長久居住的安養機構，服務提供者需要知會機構哪些資訊，這些都可提早掌握，而且任何接班的同事都容易看到，不至於忽然對居服單位說明天有人要居服，至少三天以前就協調照管專員、居服單位與居家醫師等。這對急性後期暫時居住要回家，人員變動多的機構更容易掌握，甚至該行政區的照管專員都可以看到這急性後期機構的房間運用表，知道這週多少人會離開，下週有多少房間會空出來，空房更早有效掌握，更節省各種行政成本。

至於丹麥照顧機構的監督報告到底有哪些項目和如何進行？如同北歐風格，這些機構的成立背景與現行運作的詳細資料甚至表單，都公開透明的從網路可以看到。若無改進會罰款甚至要求關閉機構，民眾很容易鑑別該機構的照顧主張和有多麼落實執行，包含機構歷年評鑑報告。[16]

只要得到政府經費補助，就有這種評鑑，不會事前通知。照顧機構人員說，「大家平常都知道評鑑項目，『若事前通知才來評鑑，就不是評鑑，只是浪費時間』」。

從以上說明可見，隨需要幫助的失能、失智長者數量增加且個別情況差別多樣性，急性後期照顧機構的功能更多樣，以支援社會需要。多多從服務所有相關關係人的感受和立場考慮，讓每個服務的參與者都有根據、有共識，才能降低成本提升品質。對應配合的管理與服務系統，也與時俱進追求服務使用者、服務提供者與家屬多贏，加上完備細緻的教材與教學法來供應有素養的服務提供者，讓長照是專業而有價值及有意義。

---

16 可參閱 https://plejecentre.slagelse.dk/plejecentre/faelles-for-alle-plejecentre/tilsy

3.6 以人為本的丹麥失智照顧機構 ——「羅森隆德」㈠營運概況

導讀引言

這個公立失智機構有效引進丹麥國家失智知識中心研發的知識方法支持住民安適生活，又設立員工身心支持制度。環境四周有許多空間植栽，能接觸自然、降低互動壓力，不讓人在其中有壓迫感而想逃跑。臺灣有些失智機構設在高樓，對住民與服務提供者是緊張壓力。未來環境與服務方式都得慎重考慮，不能再承襲機構就是醫院病房延伸擴大版的思維來建置失智機構。怎樣是最友善的環境，要靠大家努力發展，社會心理環境尤其重要。

丹麥首都哥本哈根的「羅森隆德」機構，接待失智、腦傷、過度使用藥物的病人和心理疾病患者。[17]

失智區有七個單元區，每區有八人，共用一客廳。客廳中間設有廚房，客廳與住房都有非常好的採光，大片玻璃使人空間感寬闊而不壓迫。住宿區外另有一大餐廳，住民、家屬、鄰居都可來，不影響住宿區，又有足夠空間社交。這間大餐廳的位置設在接近社區動線的地方，有利餐廳達到原始設計與社會互動的目的。

強調以人為本的護理開始，官網表示，「是一種護理理念和方法，重視並承認人是獨特的存在，無論年齡、背景或疾病如何，都享有自決權。不先看人有什麼病，而是先看到人。根據住民的觀點、生活史、習慣和心理需求來組織護理和治療」。

對應理念的服務指導價值觀是：客觀、承諾、對話、專業精神、認同、尊重、信心。和一般北歐機構相似，這些是由許多服務參與的關係人一起多次討論出來，其他機構抄襲複製並沒有什麼用處。

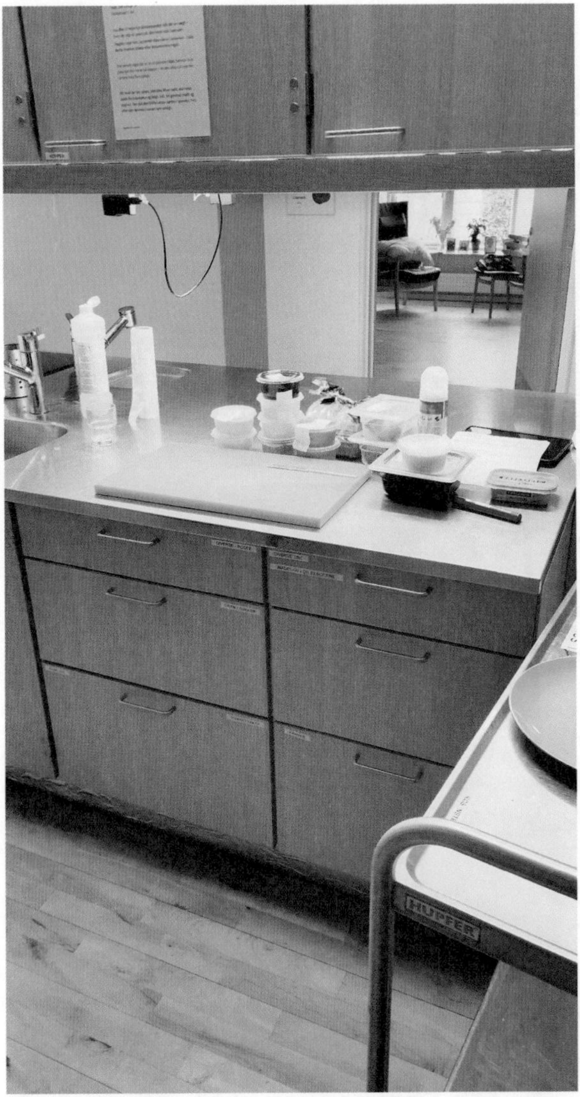

「羅森隆德」失智區客廳中間設有廚房，讓服務提供者能見率提高，有時也可邀請住民一起使用。

17 https://www.sst.dk/da/Fagperson/Sygdomme-lidelser-og-behandling/Demens/Anbefalinger-og-haandboeger/Haandboeger

讀者可注意無障礙不只地平，還有透光視野減少封閉壓迫感以及配合生活日常需要而設計。

「羅森隆德」失智區空間寬敞明亮。這不只想到硬體成本，而是以人為本考慮到住民壓力減少的需要。服務提供者不需要把精神耗在防逃與相關的衝突。

這裡僱用了許多不同的專業團隊。例如，有社會和健康幫手（SSH）、社會和健康助理（SSA）、職能和物理治療師、音樂治療師、營養助理、廚師、財會專家、行政人員。另外，機構內服務提供者依照個人興趣和機構需求，發展各有主題專長學習的人，包含失智聯繫者、尿失禁研究者、暴力防治監督者、實習教學協調帶領者等。

以下縮小到失智區來介紹。環顧國內外不同失智機構各有經營方式，這裡一早若住民同意，服務提供者帶他們外出散步，用這種柔性方式刺激互動，而不是全部推去復健房。所以服務提供者不會趕場，住民也增加有人陪伴的感覺。但這裡也重視機械協助的復健，考慮需求一週一次，復健健身房也有適合復健房景觀的懷舊布置。

為了保護服務提供者和維持照顧品質，護理長 Kathrine Davidsen 設計了每個照顧區兩人當班，每人每四小時有個離開現場的一小時喘息。這是因為有些失智者會重複問問題，可能讓服務提供者思緒壓力大，離開的那一小時仍在上班，可能是陪一位情況穩定的住民去森林散步。

健身房特別設計掛圖，有各種帶來歡樂活動的社會共同記憶歷史圖片。

丹麥公立多功能長照機構「羅森隆德」外圍。這裡有失智、酒藥癮、精神病患者。不建高樓，融合社區，而且住民更可能外出散步。服務提供者喘息要暫時離開工作區透氣也方便。社區民眾來用空間亦方便，尤其老人。

為了增加失智照顧能力，又考慮服務提供者每天要因應日常工作，護理長設計了兩套學習機制。一是每天的交班時間，用以人為本的理念有些討論。另一是每個月有一次各區聯合的個案研討，一次兩小時，由兩位照服員來報告個案情形，以及改善照顧的想法和追蹤方式。

Kathrine Davidsen 很重視學習效果。她說，「學習理論告訴我們，一位服務提供者若由別人來告訴他怎麼照顧，願意聽從嘗試的機會遠不如他自己找到一套方法而願意試試」。為了落實這種理念，並且讓研討有知識為本，而不是憑個人經驗或隨興想法，這裡採用丹麥國家失智知識中心研發的自學教材為本。

大家每個月都要閱讀，但不是強制，以自願的方式保持品質。從課本提供的思考模式和新知來省思實際照顧還可以有什麼不同方式使住民安適，服務提供者也正確有效的提供專業服務。這套自學教材包含以人為本的失智照顧、如何客觀觀察失智者的行為與心理、失智者的性需要、管理人員如何領導統御、如何開個案討論會與失智安寧照顧等。

「羅森隆德」失智區護理長探視住民。許多評估在這種互動中完成，並讓住民更多感覺被聽見、被看見，而且氛圍友善溫馨。

護理長根據這套教材，當服務提供者一起聚集個案討論時，護理長不會直接下指令說要怎麼做或者克服挑戰的答案是什麼，原因是護理長不會比服務提供者更多接觸住民。護理長也與所有服務提供者一起依照進度閱讀，討論時盡量由大家交流思考，實在一下子困住了，護理長再設法提出好的問題引導思考，提醒還有哪些書本的知識可能可以引用。最終希望仍然是服務提供者豁然開朗發現一些對策，稱為A-Ha經驗。這樣，服務提供者對自己發明、發現的方法抱以期待，而且知道是怎麼來的，這樣試行比較有動機與自信。

這同時意味著，照顧從業人員需要進修，但未必一定是挪出許多時間去另一訓練場所講習。因為這樣勢必更影響人員調度，而且去外面上課如何確保一定是服務提供者有興趣或有用，很難說。大家固定一起讀直接影響照顧的新知，非常有效且容易參與。

由於考慮失智者的特性，每個空間噪音很少，避免引起困惑、混亂與壓力，自然服務提供者的負荷和隨時緊繃的情形也少。住民有些空間可以互動，不互相干擾，又避免孤獨感。至於住民各有需求，當他們按下服務鈴時，不至於等待很久或者只是一直得到「等一下」就沒有下文。因為這個機構引進APP，任何住民的呼叫會在服務提供者的手機發出訊號，服務提供者可以分辨屬於什麼要求。若是要上廁所之類，屬於基本生理需求，必然放下手中的事，優先處理。若都忙，則協調正在辦公室打電腦的人加入協助，這有助住民的安全感。

以目前臺灣一般護理之家的設計，甚至包含某些醫學中心的全新護理之家在內，有個很可省思的問題是，護理之家顧名思義有護理的意涵，可是長期照顧的護理之家是否等同急性病房的延長住所？急性醫療的醫院病房，去住是因為有針對性的疾病治療，治療告一段落要離開，所以一人房、兩人房或三人房都考慮方便醫療人員執行工作，患者可能忍耐一下，也知道這不是久居之地。但長照機構除暫住休養和喘息服務外，往往是住到終老。如果空間布局全然以急性病房為設計藍本和記憶想像，對住民有哪些後果？

曾有荷蘭、奧地利長照機構累積經驗，認為人住到安養機構即失去一半以上在家時的歸屬與樂趣。機構不會只把老人的疾病、傷口、生命徵象，當成全部照顧職責，因為這些能控制，不表示人活著感覺有意義與價值。

丹麥的「茂盛花園」、「羅森隆德」都是公立安養機構，固然諸多因素，我國很難一步到位就空間與互動如他們。但至少可再想想，當國內有些機構有足夠資源和設計彈性時，我們繼續仍以醫院病房為長照機構設計依據嗎？

3.7 以人為本的丹麥失智照顧機構——「羅森隆德」(二) 物理治療

導讀引言

根據國內物理治療前輩回顧，早期物理治療系屬於復健系，當時許多知識經驗發展在兒童早療。隨人口老化，失智者增加，物理治療系從復健系分出，如何理解失智者的認知特性與身體、神經變化與藥物作用，而能發展適合失智者的延緩失能生活與運動設計成為挑戰。從以下物理治療師分享可見，器材重要，但是精進本職學能，並能與照服員溝通、配合、觀察住民以便引導更重要，這才可能提供最有品質的服務。

在這個一百四十人左右的機構有兩位全職物理治療師，主要工作包含與照服員合作提供住民適合的運動和有運動功能的活動，經常提供諮詢給照服員。表達希望運動或有能力運動的，物理治療師常以小團體進行。若是失智狀況較嚴重的，則由物理治療師和照服員討論，在每天日常生活中找機會維持功能，例如走比較長的路、從椅子起身坐下、激勵他們起床離床、四處走走替代騎自行車或使用體能室的運動器材。

物理治療師會盡可能刺激住民最大量運動，一週一次以體能室運動。有些手術回來的，如髖關節，則個別化設計，評估能做什麼和不能做什麼，努力幫助他們恢復原有的功能，包含使用助行器，可能一週三次這樣做。

為失智者設計的運動通常要考慮他們是否不用器材獨自單腳站立得穩，又能持續在同一空間，因為有些人無法專注很久，他們容易忘記要做什麼，有時不是那麼理性，會想如何就如何。隨失智變嚴重，更不容易專注聚焦運動要做的，如自行車或各種器材。這時要好好思考怎麼支持他，尤其仰賴照服員看到住民還有什麼功能，可能用些輔具，使住民每天更有機會行動，不會一直在床上。

要注意的是，有些失智者有自己習慣的日常生活。物理治療師要注意考量別打亂或干擾，因為這樣住民會因為壓力而功能下降或更不運動，包含讓他對環境感覺困惑，他緊張、裹足不前或猶豫，也會干擾和減少住民運動動機。

評估失智者運動處方，不只評估身體功能也包含理解能力，例如對年紀八十歲以上的失智者來說，本來為評估一般人而要求的那些肢體彎下伸展等動作，可能受測者因有理解記憶困難而難以執行。這是為什麼可能用別的方式評估和設計，例如物理治療師協同照服員瞭解住民平時展現哪些動作與功能（例如還可以做九十度的動作），進而盡可能以住民日常生活來融入維持能力的活動設計。

另外，也不容易問住民「你昨天情況如何」來做比較，這也要靠照服員的紀錄來瞭解住民昨天情況如何或今天早上感覺如何。也不容易像引導一般做動作時問「你覺得如何」？「這樣的姿勢有痛嗎」？或指出位置告訴物理治療師哪裡痛？所以物理治療師要很仔細觀察，合併從照服員觀察，住民以前做哪些動作會痛。昨天這樣做可以，今天不行，是否有痛？尤其失智進入比較嚴重時，物理治療師要學習跳出傳統的物理治療評估知識，從住民各種外顯行為判斷。也許仍有些動作可以引導，也許有些不能，找到妥協最適合的，例如換髖關節的人有代償動作，在鏡子前引導他，他能跟隨，可是等一下或明天沒人提醒，他又忘記，回到自己另一套動作模式，不容易按著指導復能，物理治療師心裡要有預備。(註：有時甚至照服員都不一定能完全記得物理治療師要求的來配合，這在臺灣也曾發生，例如「我不是和你說過……」這樣怪罪式溝通的爭執。所以物理治療師得費心想想，自己的指導方式與溝通方式。更何況丹麥照服員養成要三年，比較熟習醫事人員語言和職責用意，臺灣照服員養成則用九十到一百小時)。

對一般人復健，物理治療師設定目標，對失智者較難，要隨時調整每階段的目標。若他們喜歡走路，會比那些一直看電視的要好引導，因為要他們起身就不容易。所以這要重視瞭解住民的生活歷史，他們以前愛做什麼。這樣，物理治療師可以據以設定階段目標和最終目標。最終目標可能是用助行器走路或不用助行器走多少路，因為統計顯示失智者許多人後來習於用助行器，因為平衡有困難。

慶幸有些人失智不記得自己動過手術，有些人失智還有行動意願。物理治療師不可

「羅森隆德」失智區客廳中間設有廚房，和一般丹麥家戶的設計接近。有時也成為以日常生活融合復建的資源，有樂趣、有安全感，同時降低服務提供者壓力。

能控制他們或二十四小時跟著他，因為即使機構是所謂二十四小時服務，實際上有照護比和夜班照服員有限。

所以關於設定復能目標，一定要和護理師、照服員一起討論到底設定什麼目標，例如在走廊走多遠，再重新評估走多遠。通常最前兩週很多挑戰發生，然後再評估，以比較小範圍的目標當成一個循環。要看能力和能參與多少，也評估意願，因為不能強迫他。

照服員在物理治療師指導住民後，要很敏感的觀察這住民每日生活的各種行動習性，例如從臥室走出、去餐廳與別人一起吃飯、到住處陽臺的長凳坐著、願意去參加唱歌活動等。從住民最能做、最有動機的時間、動作來入手，逐步擴大一點點運動機會。若有摔倒風險，也許增加穿臀部兩側有海綿緩衝降低摔傷重力的復健褲。

失智住民習慣到處走，因為忘記現在是手術後，因而有摔倒風險。最好盡可能在他打算起身，立刻將助行器拿到他身邊讓他接手使用，他們可能忘了要使用。服務提供者不宜在他起身時命令他坐下！或強迫他坐下。因為這又產生更多壓力衝突，犯失智照顧大忌。看到他要起身，就給助行器是最大限度能做的努力。

另外，一切互動都需要良好溝通。往往服務提供者要失智者做什麼，他們因為不瞭解，或看到服務提供者的態度，感覺壓力而多半拒絕配合。要用意思清楚的短句子，不能一次說好幾個動作。例如可以說「起來」，而不是「起來並往前走去喝水」。又例如請他去吃早餐，不宜說「你現在該走去那邊」，他們通常說「不要」，物理治療師或照服員可以說，「你被邀請幾分鐘後去那邊，你想加入我們嗎？你想和我一起去看看那邊的情形嗎」？通常他們比較容易同意，不能施加壓力。這種因溝通不良導致失智者拒絕的情形，可以發生在日常生活所有照服員希望失智者配合的事，如用餐、活動，也包含訓練運動。

有些骨鬆失智者，即使走路有

「羅森隆德」失智區健身房採「過五關轉檯」方式，由物理治療師帶領小團體運動。

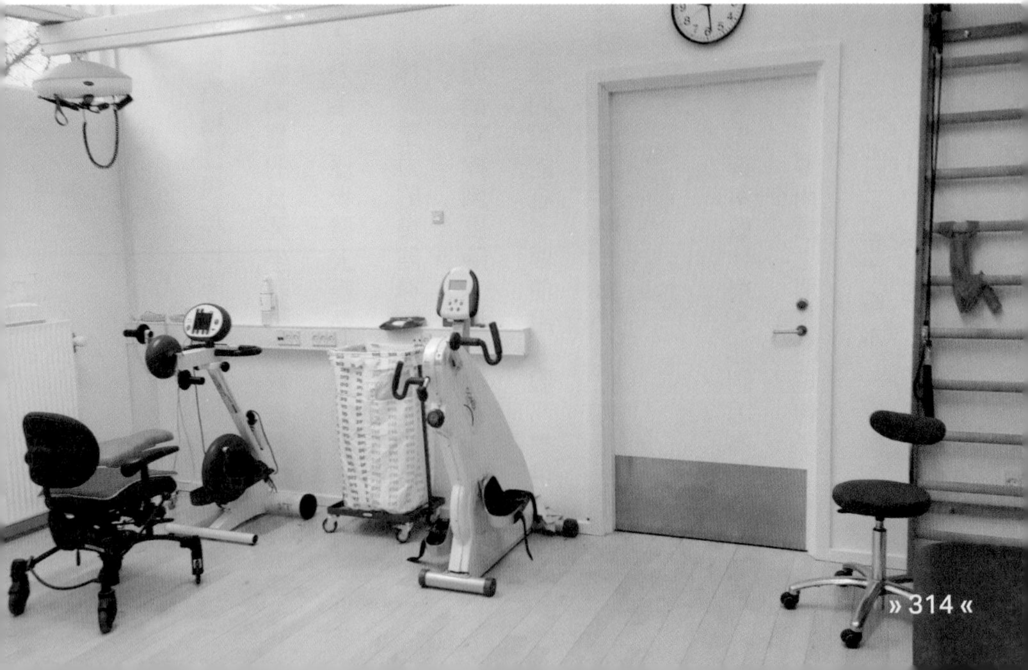

風險，盡可能陪他們走或給助行器，走路總比一直坐著過被動生活要好。

在健身房類似騎車的器材並不是要替代自行車活動，而是讓他們暖身以便做其他運動。當他們選擇一種活動，物理治療師會與他們討論為什麼想做？想做怎樣的？想達到什麼？他們多半也不知道。也許他們想走路，也許想回家。有些甚至表達想要有現實感的目標，物理治療師要支持他們設定有現實感的目標。為失智者設計在健身房的活動要與日常生活其他復能設計配合，主要目的之一在減少各種疼痛。

健身房中的失智者可能一次有五位，大家輪流做不同的活動。期間物理治療師不斷和他們保持友善的談話溝通，使他們能專注去做要做的。也許用點音樂支持，這要配合當時要做什麼運動。

健身房有羽毛球、籃球。健身房空間也許不用很大，因為失智者未必都能看得遠來接受引導。最好的復健空間仍是在他們日常習慣生活的環境與動線中創造設計活動，如一起搬食物、搬椅子。

丹麥公立多功能長照機構「羅森隆德」失智區物理治療師解說羽毛球等個別化活動資源。

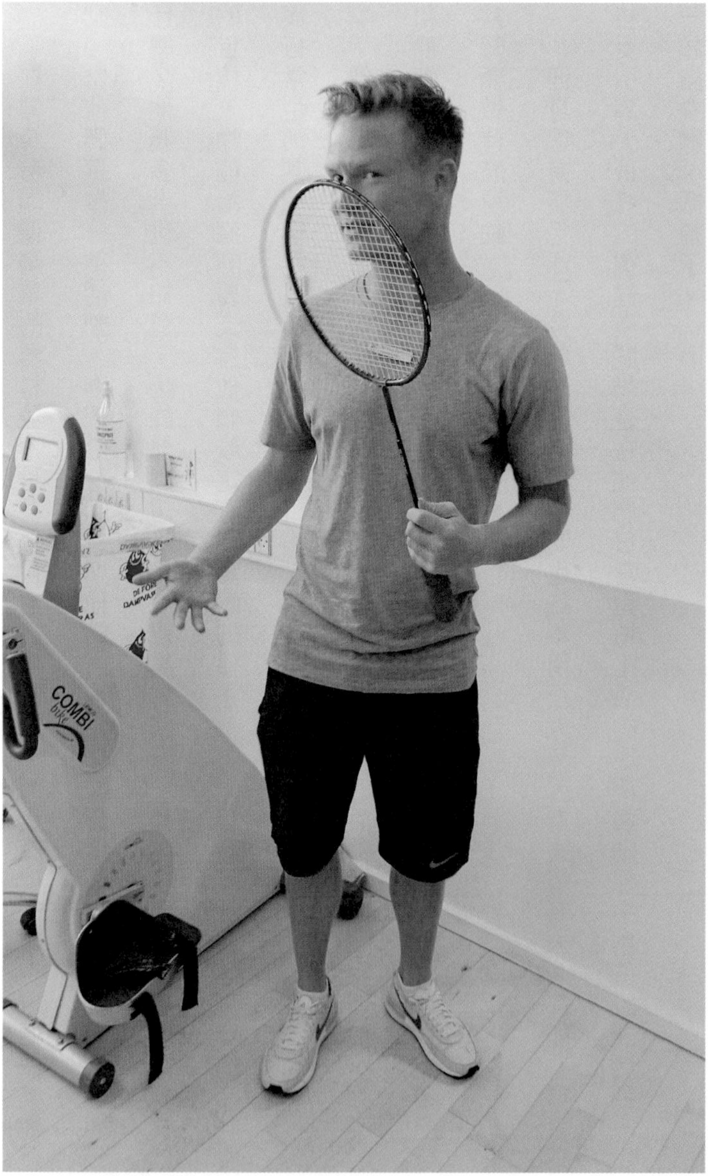

健身房有天車協助站立有困難的人，協助住民移動。物理治療師不需要自己搬動人，而是用天車移動。以觀察評估、溝通、手勢、眼神，配合物理治療師的動作或對鏡子做動作引導失智者自然動作，或對失智者指出該配合的行動點，引導失智者用出能用的力量配合。不用對失智者解釋一堆理由或說明各種動作步驟，這可能造成他們困惑又說「不要」，而可以友善引導「我們現在坐這裡」。

在物理治療師移動過程，如果失智者好奇而四處張望，讓他自由，只有在物理治療師要他配合的當下才引導他專注。如果物理治療師發現他在天車移位時害怕，可以給他一個枕頭抱著。然後表達要很清楚，「我現在要抬起你，束帶感覺舒服嗎」？引導他抓哪裡讓他有安全感。隨時注意他有沒有害怕，不斷說「我會陪著你」。失智者對情感容易有記憶，誰在怎樣搬運他，他可能記得。所以物理治療師要建立好關係才能引導各種肌力維持的運動，維持良好情緒避免拒絕太重要！

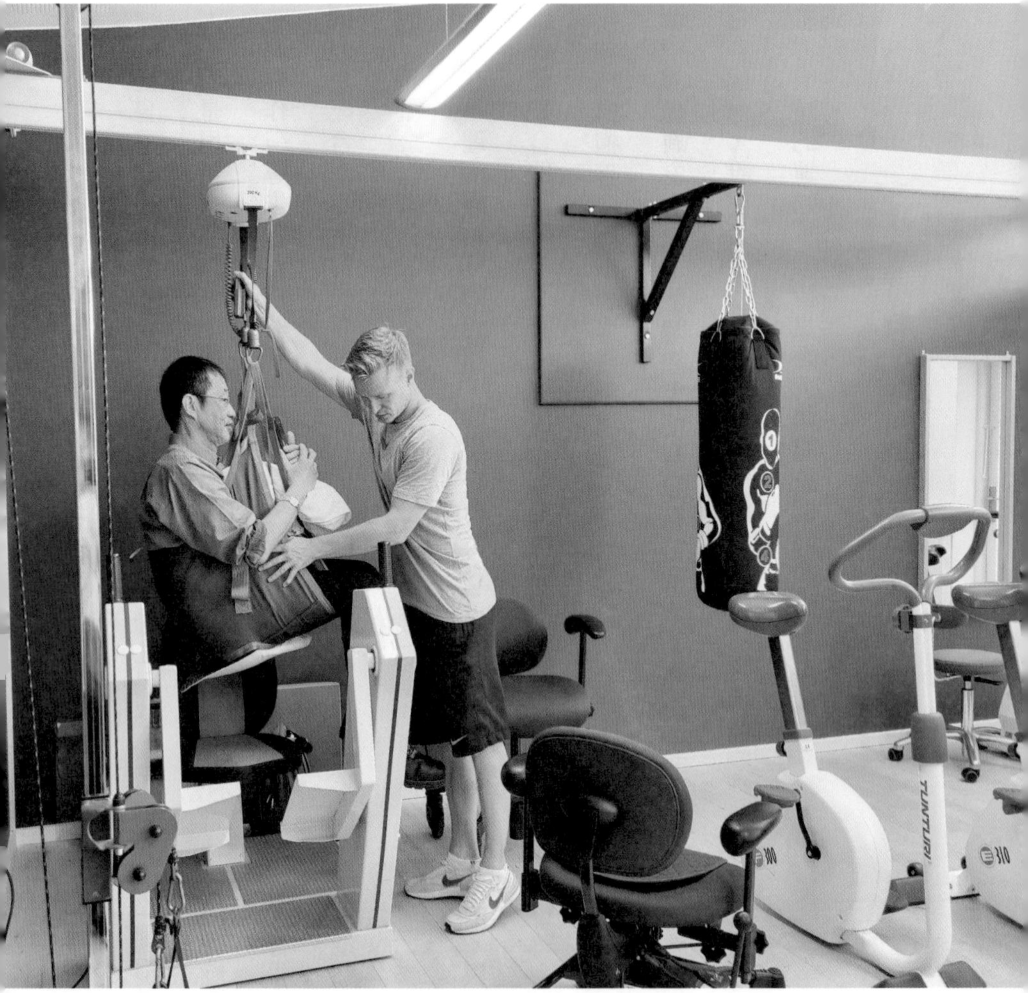

「羅森隆德」失智區健身房，一如許多丹麥居家服務架設的天車移位機，為的是讓住民最有安全感的投入運動。也方便物理治療師設法讓住民集中注意力看著他。筆者抱著枕頭，是物理治療師對除了一般專業知識，進修失智專屬復健後的設計。以人為本，溝通、安全感和活動設計永遠要一起考慮。

3.8

以人為本的丹麥失智照顧機構 ——「羅森隆德」㈢ 失智協調員

導讀引言

品質良好的長照機構重視服務使用者期待。然而不是所有服務使用者都很容易清楚表達需求，尤其失智者，也不是所有家屬天天都在逛安養機構做研究比較。所以，機構營運者要有見識與創見，而考量人事編制與哪些類服務者組合，以回應以人為本的服務價值。失智協調員在這種背景下產生。

一百四十位住民的機構有位護理師 Lilja 擔任專職失智協調員。職責包含當地方長照中心要轉民眾來公立安養機構時，先由護理長引導看環境，然後協調員幫助當事人與家屬考慮各種從家裡銜接來機構不明白的需要，以便更好預備。例如幫助他們處理法律文件，幫助他們做些難做的決定給建議。例如又要尊重人，又要考慮失智者已經難以自己在家。這個過程因不是去住醫院而是機構，所以稱住民而非病人，這是他們的家，營運思維不是病房延伸。

協調員還負責對照服員進行內部教育訓練，避免用強制方式對待失智者。尤其當失智者看來有暴力行為或難以控制的時候，用正確合法的方式照顧。另外，協調員負責家屬團體會議，支持他們，讓他們瞭解可以對失智者有什麼期待，訓練他們瞭解聆聽失智者的處境以便良好互動。

協調員每天例行工作包含瞭解所有 GPS 追蹤器顯示的情形（此機構評估有些住民無顯著交通安全顧慮者，可以有一定自由行動範圍）。拿杯咖啡開始逛逛各區做觀察，例如有人衛生紙掉到地上，想到為什麼會這樣？發生什麼事情？住民可以自己撿起來嗎？也許牆上有幅美麗的畫，問住民，「您看到這美麗的畫嗎」？用以瞭解住民的狀況。

主動或應邀參加交班等各種會議，走訪各區照顧會議，協助評估住民處境等級，提供當下的適當生活設計與藥物建議，不用精神藥物控制人的行為。探討為什麼有些失智者情緒不好或攻擊人，可能疼痛或別的原因，從失智者的眼光看世界，以便提供適當照顧，用調整照顧取代以藥物控制。讓住民即使病情嚴重仍有好的生活感受，仍然能做自己。

協調員與照服員一起討論如何因應挑戰也包含為照服員心理建設，如何面對失智者可能言語行為攻擊服務提供者，也幫服務提供者同理失智者被不當對待的感受。擔任服務提供者的顧問，看還有什麼合法有創意方式可以使用，給現場更多支持。

同一機構除接待失智者還有些藥物酒精濫用、自傷而送來的住民，也由失智協調員協助建議。協調員也需要為這些住民與醫師聯繫討論目前用藥太多或不足，並與音樂治療師討論或許可以幫助改善問題。

當各照顧區有照顧挑戰時，協調員可能會不斷的去。例如服務提供者為住民換尿布洗澡遇見阻力，得不斷陪同服務提供者嘗試不同方式，不是講一下就走，要看給建議後照服員做什麼？如何做？再給建議和示範給照服員看，或用 Tom Kitwood 的照顧模式知識為參考架構，一起討論，然後讓照服員自己來。會一直追蹤詢問到底有沒有改善

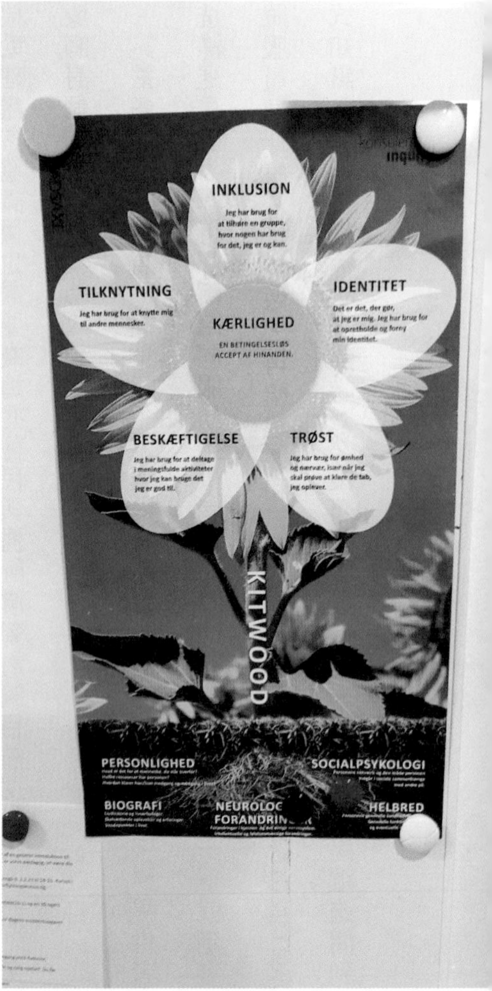

「羅森隆德」失智區，所有員工要有共識，採取以人為本的照顧思維架構做服務準則。這是源自英國學者 Tom Kitwood，後來廣為各國採用。

問題，或需要再調整方式，直到真的改善問題。(所以，所有服務提供者不能憑本能也不能嫌讀書煩而拒絕吸收新知、反思新知，因為討論觀察和調整要根據知識來交流。這是職責)！

協調員可能與照服員有衝突，因為照服員可能質疑協調員不是第一現場服務提供者，或情況不是像協調員講的樣子……。協調員本身有在職教育學習如何做個諮詢者，如何提好問題，如何與照服員相處，因為服務提供者的確對某位特定的住民的認識比協調員更多，最重要貢獻在幫助照服員一起思考感覺什麼是更好的解方，不是用權力壓迫。要相信每位照服員願意提供最好的服務才留在這裡工作，所以不是來下指令，因為沒有人喜歡被那樣指揮，而是鼓勵照服員發展更好的方式。

有些照顧挑戰，例如住民大叫或情緒問題，協調員會關切發生在什麼時機？或什麼場合？或什麼設施附近？也就是找出不安全感的引發源（有時只是門關著），設法避免不要或用失智者能感受的方式降低焦慮。

有個國內例子，筆者請教協調員。在護理之家有位失智者喜歡自己做飯，有天這住民跑去廚房要蔥，廚房人員正在忙中飯又很怕住民在廚房燙傷等意外，因而希望他離開。住民得不到期待而發怒產生更多衝突。協調員的看法是若現在立刻有危險則得優先避免。其次，住民要什麼食材原料可以給他，但給的同時引導他離開。如果只是告訴住民「你不應在這裡」！可能發生衝突來自住民不一定明白廚房人員正在忙中飯，他不會考慮別人的立場，只是感覺到自己的要求被拒絕、被嫌惡而心裡受挫（註：北歐許多機構的廚房人員也一樣受過失智友善訓練）。

有些失智者可能在公共空間不斷呻吟或控制不了自己的聲音大小，讓其他住民生氣。協調員說有些失智者會用這種方式自我刺激或表達自己仍然存在，不需要禁止他們，但要考慮各種方式避免衝突，別影響其他許多住民。例如還有更適合的空間降低衝突？邀請他一起唱歌，若他選擇不這樣呻吟的時候。或者提供別的刺激，讓他從五感得到別的良好刺激經驗，如握著手一起去散步。若敲桌子發出噪音，一方面或許拿低噪音東西讓他們握，或者想到這能力還能用來做什麼其他的活動？最起碼不要對發出聲音的人說「你不可以這樣」！

不要給失智者太多活動，也許從服務提供者看是為失智者好，但失智者可能沒有那麼多能量去分辨而變成壓力。失智者每天瞇著眼睛不做別的，不一定要提供一大堆活動，因為什麼都不做，也許沒有生活品質，但不斷要他做各種活動也可能是沒有品質的生活，這也可能造成自傷或攻擊別人。有時瞇著眼微笑或許在想些故事，若表情悲傷則要考慮一些其他刺激啟動其他好的感受。

另外，協調員分享，曾有住民洗澡，照服員認為其可以自己推輪椅，但卻不推而被認為不配合，最後發現真相是住民關節痛沒有辦法做這個動作，可是住民不一定表達得出來。也有住民不吃飯只是銜著湯匙，也需要從多層面去設想，例如食物不好吃，或者忘記餐具使用方式，還是有別的原因，未必直接跳到咀嚼吞嚥困難。

筆者以臺灣員實例子，住民口含湯匙不吃飯向她請教判斷程序和引導方式。

所以，機構裡的失智照顧需要非常多觀察理解能力和創意。

3.9 以人為本的丹麥失智照顧機構——「羅森隆德」㈣音樂治療

導讀引言

落實以人為本是照顧趨勢，重視個人獨特和對人價值的完全肯定。丹麥從一九八二年設音樂治療系，許多畢業生在安養機構服務。二〇一六至二〇二二年丹麥大舉收集過去音樂用於失智照顧研發。音樂幫助服務提供者更瞭解失智者，建立良好關係，有助有效關懷、降低悲傷、減少孤獨，這就降低失智照顧最怕的——增加壓力。同時，引發情感、創造參與和存在感，延長幸福感時間，帶給失智者一個不同的世界。但我們真的有專業意識和理論基礎使用音樂（非語言）於日常生活積極互動嗎？

在丹麥，收集該國多年失智音樂照顧文獻與研究由 Hanne Mette Ochsner Ridder 等人編寫以人為本音樂照顧模式 PAMI 的新書 *Stemning: Musikalsk interaktion i demensomsorgen*。[18] 作者認為，人失智雖無法用口語表達，仍是一位完整的人。有身體、心理、精神狀態與社會背景，仍是有思想、有靈魂、有心理需求的人，沒有失去理智。而且相信人除了口語，天生對音樂、聲音有感覺，這是另一與外界溝通表達的方式，音樂使難以用口語的人保有發言權。（註：PAMI 是丹麥語 Person Afstemt Musikalsk Interaktion 的縮寫，意思是根據人的價值，用同理建立關係，以音樂媒介進行互動等四個元素，各有詳細內容）。

同時，人的意義活在關係裡，感受到自己的存在，參與周圍人的互動。而且人失智

18 Hanne Mette Ochsner Ridder og Julie Kolbe Krøier (2022). *Stemning: Musikalsk interaktion i demensomsorgen*. Gyldendal, printed in Bosnia.

時，還有情感面可以帶動學習、記憶與享受生活，因此我們要善用音樂與聲音來建立互動橋梁。這樣，音樂與聲音的功能已經遠遠超越了只是娛樂。

音樂尤其對支持服務提供者降低壓力有效幫助住民，有很大幫助。例如，居服員、照服員要接近失智者時斟酌用唱歌，來降低住民的不確定感和緊張，建立互信。所以音樂治療師也訓練服務提供者音樂使用素養，除了唱歌還有表達的語氣、語調、聲音大小與節奏，脫離不假思索的溝通造成暴力行為衝突彼

「羅森隆德」失智區音樂治療師 Pedersen 解說其工作根據和各種新研發方法。

此身心受傷。這在丹麥、挪威與荷蘭逐漸普及，甚至支持不願刷牙的住民刷牙。

在以上理解，所以本文前篇的失智協調員才會有看到住民狀況，考慮有請音樂治療師的選項。實際上全國九十八個城市有三分之一有一位或多位音樂治療師投入失智照顧。

這機構有兩位專責音樂治療師，Pedersen 是其中一位，大學讀音樂治療，碩士讀輔具科技。在這裡要提供個別化及小團體活動，用音樂支持住民有好的生活品質，降低情緒困擾。提供安寧照顧支持和當住民離世，其他住民與服務提供者的失落照顧。即使冠狀病毒最嚴重的時候仍被允許進到機構服務，因為機構主管與員工理解這多麼重要。尤其丹麥的長照相當反對用藥物為先，來控制降低住民的情緒與行為問題，如果音樂或其他環境設計的新知可以解決，不是更好？

Pederson 放了聖桑的曲子〈天鵝〉給大家聽，解釋人人聽到旋律各有自己的體驗感受，好奇、回憶、思考、情感，甚至不耐煩。他客氣的說，「萬一引起誰不悅還請見諒」。音樂照顧，是關於我們對音樂在「言說」、「表達」、「理解」有多少認識。講話與音樂有些共同點，用掉時間、行動與聲調。另一問題是我們是如何理解失智者，用口語表達的能力降低了，然而情感表達仍可豐富，人會有反應。因保有這優勢，我們善用音樂為線索啟動溝通，試圖從情感管道切入。當我們用一般口語溝通，我回應你表達我理解，你感受到我理解你。人性，希望創造與人連結。可是當人有表達障礙，就容易形成人與人的距離，甚至退縮，但我們試圖從斷線重新連接。

可是這要看不同地區與文化，有哪些音樂可以連接造成理解。可能有相似的也可能有不同的。音樂是在一個社會系統，讓我們據以自然產生觀點，我們要有些方法與工具來善用。可以操作的形式非常多，包含用音樂理解、聽、引用旋律來參與創作詞、即興運用來促進表達，即興運用在這裡對創造「對話」很管用。

這機構音樂溝通以英國失智研究學者 Tom Kitwood（1937-1998）的從失智者的眼光看世界的花瓣模式為本，理解一般人基本需求與社會心理需求，有愛（在中間）、舒適、身分、職業、包容、依戀等情感面向，用於對有身心疾病的照顧要注意滿足這些。使用音樂加上與失智者共同即興創作的詞句，一起來提升上述花瓣中的某一面向的感受與自我價值。未必全都與失智者相關，但相似的原理與經驗用於失智者，這不是為了娛樂！

這種用法非常個別化，不是為了創作後公諸於世。人失智可能記憶不好，這回用的詞是在這次聽到旋律聯想而刺激表達，下次也許不是這些詞句。但也可能下次用這次的旋律又連到這次的表達內容，因為出自住民的感受和語言。

接下來他以個別照顧為例，可能在發現住民不舒服、有危機的時候使用，如恐懼、困惑。音樂治療師設計一個音樂框架，試圖使住民感到更安全，通常採取音樂創造連結的原理執行以創造信任，由此出發面對該危機。

通常用十四次分三階段。從第一階段（三次）辨識對此人改善問題的適合優勢前提（切入點）開始。若音樂不是最適切的工具，還有音樂以外的其他工具，則應採取其他工具。若是音樂，則繼續後面十一次，十四次完畢看效果。如不理想，可能轉而用於其他更需要的住民。

至於團體活動，通常治療師預備一曲子，大家聽了分享。然後參與的每一位住民受邀選一首，大家再交流思考討論。治療師有時也會運用合唱方式，創造和諧、高參與感受。該機構有十人合唱團，先從發聲音階開始，有些人年輕就參加過合唱團，對這些人更有意義。也會用輪唱製造和諧，這有多重效果，享受、肺活量提升、感受好、創造共同、歸屬經驗。從暖身、唱歌連結以前經驗走進Tom Kitwood的肯定確認身分面向，增加幸福感。有些認得曲子，一聽了、唱了感覺更有自信，也預備一首歌邀請他們獨唱。以前唱過、印象深刻的，獨唱後大家拍手（拍手聲音的意義不需要透過言語）。

總共四十五分鐘的團體活動通常整個活動從一首歌開始，同一首歌結束，之後有獨唱時間。音樂治療師發現，失智住民有能力學新歌，這讓音樂治療師覺得非常興奮，看到失智者仍有發展更好生活品質的機會。

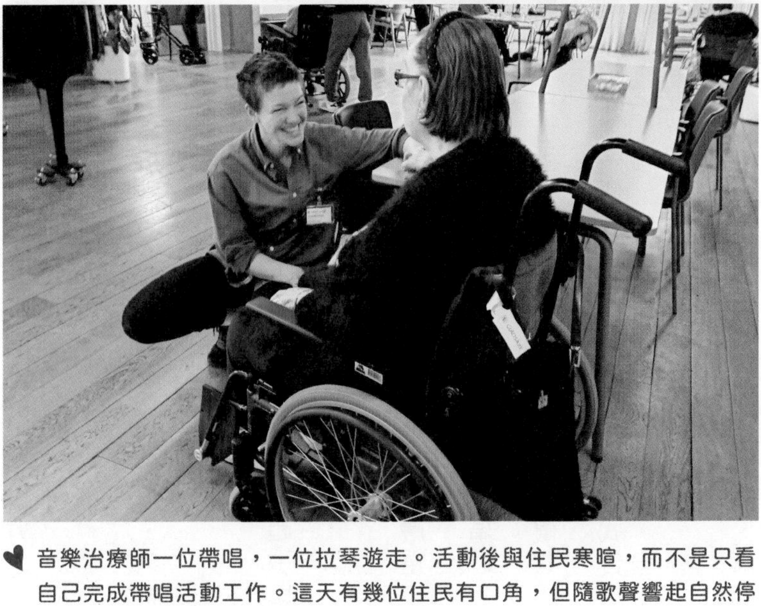

音樂治療師一位帶唱，一位拉琴遊走。活動後與住民寒暄，而不是只看自己完成帶唱活動工作。這天有幾位住民有口角，但隨歌聲響起自然停止。音樂治療師私下說這正是音樂的幫助。

在丹麥，這些照顧可以由音樂治療師操作，不需要一定要在醫師的指示處方之下，重點是音樂治療師要掌握失智者的腦如何運作。

至於安寧，用歌曲陪伴即將離世的人，與家屬道別，或家屬唱歌與之道別，或就是為了舒適和走向離世。要不斷看對方的反應並與護理師討論。

有次 Pedersen 對一位喜歡跳芭蕾、要過世的女士放古典音樂，女士舉起手比動作，這倒未必從舒適解釋，而是對她帶來很多意義。

另外，機構同一區有人過世，其他住民容易受到影響，感覺悲傷，即使是嚴重失智者。他們每天看到室友，現在情形變化了，為了處理這種局面，當棺木抬離這區時，音樂治療師會用唱歌製造儀式。至於選什麼曲子，可由家屬決定，這不是必需的儀式，但若家屬同意就做。一起尊榮死者，而不是只是死了一個人，製造比較優美的方式告別。這樣，其他住民看到，若哪天自己死了，也會很有價值的被送走。

音樂創造對大家都很有意義的過程。當遺體送走了，照服員、音樂治療師、其他住民一起唱和聽這位離世者曾最喜歡的歌。這是短短的紀念儀式，只是為了發現、感受意義，這也是為了照顧、支持照服員，這些曾經為這位死者付上許多身心力量的人們。因為我們都是人，我們都可能受影響，有些服務提供者會落淚，音樂治療師認為這是好的，因為情緒抒發出來。

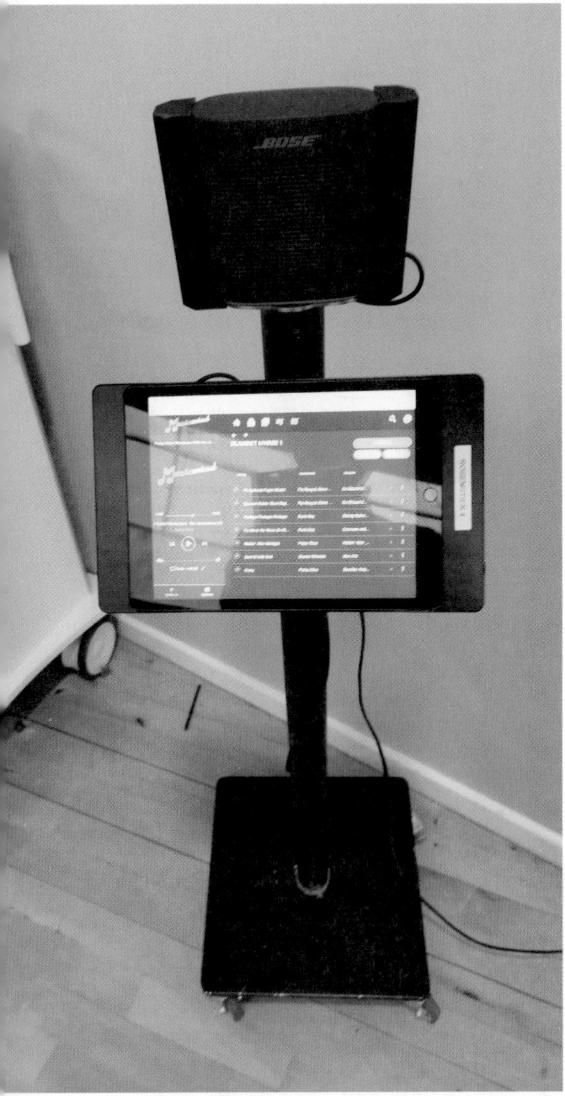

「羅森隆德」失智區音樂治療師專用隨選播放機，可用於各種需要。

為執行以上工作，音樂治療師在機構有專屬推車，上面有器材。並且不斷有新的指引用以使用。從過去到現在，音樂治療師不斷在研究如何用音樂更瞭解失智者的想法，有些還在摸索，但一直不斷發掘。

此外，音樂治療師每週三也在機構的餐廳辦一次大型團體歌唱活動音樂會，包含服務提供者、住民與社區的人都參加。用音樂連結社區關係，希望機構不孤立於此，屬於社區，失智者受邀參加。這活動一開始、中間和結束唱的，正是失智者合唱團平時唱的。這也是設定「音樂架構」的例子，讓失智者不會害怕，感覺瞭解這裡活動在發生什麼事。

本來在失智者的世界，因為對環境感官降低因應的理解能力而造成認知障礙，導致產生困惑、焦慮、神祕，就像恐怖電影使用音效燈光刻意營造氛圍攪擾觀眾一樣。失智者面臨這種環境更加劇認知障礙，阻礙與服務提供者彼此信任，難以與服務提供者互動，又未必用口語就可安撫。

「羅森隆德」每週社區音樂會。兩位全職音樂治療師協同服務，並有社工在各角落陪伴老人，觀察協助。整個活動用到平日帶唱的曲子，儀式程序讓參與者容易掌握。發譜不是一次發一疊，而是一張一首，再一張一首。每次都像教會給聖餐一樣，對著住民微笑講話，「這是為您預備的」，而且歌譜都搭配圖片設計過。

音樂治療師說，即興演唱歌詞創作活動，往往是和住民互動後，根據住民當天的興趣、用語或憂愁的重點內容，而與住民一起發展可以帶入旋律的歌詞，非常個別化。音樂治療師離開現場也不會對任何人說剛才唱了什麼。

服務提供者運用音樂，可能喚起失智者，引導專注和配合（失去專注時很難表達、互動）。Tom Kitwood 指出的幾種需求，根據丹麥經驗，其實一種需求得到滿足有可能連動影響其他需求正面的影響。

聽音樂能感染情緒，一起唱造成共鳴。未來，音樂治療師會用更多心力在支援機構用音樂為媒介，設計運動、營造運動時的社會心理環境，以啟動行動能力，支持所有日常生活行動（包含服務提供者覺得難以推動或希望住民配合的），創造生活滿意度。Pederson 強調，這不是服務提供者們什麼想法都沒有就來問音樂治療師怎麼辦，或由音樂治療師直接下指令用什麼，這需要服務提供者與音樂治療師合作。合作的方式是請服務提供者先仔細觀察住民的生活表現與情緒反應，然後與音樂治療師討論，一個照顧區的住民，誰可能適合用音樂來幫助，之後給建議，試試看。總不要只是由音樂治療師單向決定，要問問照服員的想法，若照服員有別的想法，音樂治療師可以引用專業知識來提供諮詢。